Horst Auerbach

Festung und Marinegarnison

STRALSUND

Von Alfred zu Weihnachten 2002

Wallenstein über die Stralsunder:

Sie sind schlimme Kerls, widerwärtig und rebellisch;
lose Buben, denen nicht zu trauen ist;
Schelme, Bösewichte und Bestien.
Ich werde nach Stralsund kommen und nicht eher abziehen,
bis die Stadt eine kaiserliche Garnison aufgenommen hat,
oder ich werde es so machen, daß nichts davon übrig bleibt.
Die Stadt muß herunter
und ist sie auch mit Ketten an den Himmel gebunden.

Festung und Marinegarnison STRALSUND

Horst Auerbach

Mit Fotografien von
Harry Hardenberg

HINSTORFF

Abbildungsnachweis:

Auerbach, Horst: S. 29, 158
Bildarchiv Marinemuseum Dänholm: S. 91, 95, 104, 105, 108, 134, 146,
147, 150, 153, 154, 162
Flohr, Dieter: S. 145
Jahn, Reinhard: S. 135

Titelbild: Blick von der Insel Dänholm auf Stralsund
Rücktitel: Tage der Seeschiffahrt 1998 in Stralsund. Das deutsche Minenjagdboot DILLINGEN an der Steinernen Fischbrücke

Die Deutsche Bibliothek – CIP-Einheitsaufnahme

Festung und Marinegarnison Stralsund / Horst Auerbach.
Mit Fotogr. von Harry Hardenberg. - Rostock : Hinstorff, 1999
ISBN 3-356-00835-8

1. Auflage 1999
Druck und Bindung: Wiener Verlag GmbH Nachf. KG
Printed in Austria
ISBN 3-356-00835-8

Inhalt

Seiten 6/7: Die Meerstadt Stralsund

Vorwort

Stralsund, die Stadt am Meer, bleibt ganz gewiß immer ein reizvoller Gegenstand für Buchautoren. Zahlreiche Publikationen sind bisher über die „Meerstadt“ erschienen. Hervorheben möchte ich die von Professor Dr. Herbert Ewe, dem langjährigen Direktor des Stralsunder Stadtarchivs, verfaßten Bücher. Allerdings liegt noch keine geschlossene Publikation über Stralsund als Festung und Marinegarnison vor. Deshalb griff ich dieses Thema auf.

Der Reiz, aber auch einige Schwierigkeiten bestanden darin, die militärgeschichtlichen Entwicklungen und Ereignisse bis in unsere heutige Zeit zu verfolgen und vorurteilsfrei zu beschreiben.

Die ersten Kapitel beinhalten die Entwicklung Stralsunds von einer befestigten Stadt zu einer mächtigen mittelalterlichen Stadtfestung, die den Angriffen der kaiserlichen Truppen unter Wallenstein trotzte und nach dem Dreißigjährigen Krieg unter schwedische Vorherrschaft geriet. Stralsund wurde 1815 deutsch, preußisch-deutsch, und preußische Festung. Zugleich begann in der Stadt am Strelasund der Aufbau der Königlich Preußischen Marine.

Preußen faßte an der Nordseeküste am Jadebusen Fuß und gewann außerdem Kiel. Dadurch besaß Stralsund für die Kaiserliche Marine nun keine Bedeutung mehr. Außerdem verlor die Stadt ihren Status als Festung. Fast hätte auch die Armee die Stadt verlassen.

Von den Stralsunder Regimentern wird als Beispiel das 5. Pommersche Infanterie-Regiment Prinz Moritz von Anhalt-Dessau Nr. 42 erwähnt. Es nahm an vielen Gefechten teil, erlitt im Ersten Weltkrieg große Verluste und wurde schließlich in Stralsund aufgelöst. Ein eigenes Kapitel ist dem Kleinen Kreuzer STRALSUND gewidmet. Das schnelle Schiff operierte in der Nord- und Ostsee, meist weit vor den Hauptkräften, kam in mehreren Seegefechten glimpflich davon und mußte nach dem verlorenen Krieg an Frankreich abgeliefert werden.

Nach dem Ersten Weltkrieg kam die Marine nach Stralsund zurück. Sie bestimmt seitdem den Charakter der Garnison. Die ihr gewidmeten Abschnitte behandeln die Einheiten der Reichs- und der Kriegsmarine, der Luftwaffe und des Heeres, der Seepolizei und der Volkspolizei-See, der Volksmarine und der Bundesmarine. In einem weiteren Abschnitt wird über die Marinetechnikschule Parow der Deutschen Marine und über das Marinemuseum Dänholm berichtet.

Die Zeittafel soll dem Leser einen chronologischen Überblick über die Ereignisse geben und die Orientierung erleichtern.

Der mit dem Verlag vereinbarte konzeptionelle Rahmen zwang zur Beschränkung. Deshalb konnten manche Abschnitte der wechselvollen Militärgeschichte Stralsunds nur gestreift oder überhaupt nicht erwähnt werden. Auch war es nicht die Absicht, die Festungswerke im Detail zu beschreiben. Insofern bittet der Autor beim Leser um Verständnis.

Mein Dank für die Unterstützung gilt insbesondere dem Stadtarchiv Stralsund und dem Marinemuseum Dänholm. Zu besonderem Dank fühle ich mich Herrn Günter Larisch vom Hinstorff Verlag und Herrn Harry Hardenberg als Bildautor verpflichtet.

Horst Auerbach
Stralsund, im März 1999

Eine befestigte Stadt entsteht am Strelasund

Die letzte Eiszeit, die Weichseleiszeit, prägte nachhaltig die Landschaft Vorpommerns, und hinterließ fruchtbare Ackerböden, sandige und lehmige Landstriche und riesige Mengen von Steinen aus skandinavischem Granit.

Von 5500 bis 2000 v. u. Z. stieg der Wasserspiegel der Ostsee um etwa 25 Meter an. Das Meer überflutete an seinen flachen Küsten weite Gebiete. Es entstanden die zahlreichen Bodden und Wieken, die heute den Reiz der Landschaft ausmachen. Der Küstenstrom verband die aus dem Wasser ragenden Erhebungen durch Nehrungen. Nach und nach bildeten sich die Inseln Rügen, Hiddensee und Usedom sowie die Halbinsel Darß. Sturmfluten durchbrachen die Inseln an ihren schmalsten und flachsten Stellen (Insel Hiddensee), gruben neue Zufahrten zu den Bodden (Wester Tief zwischen Thiessow und der Insel Greifswalder Oie) oder spülten ganze Inseln hinweg (Insel Stubber im Greifswalder Bodden, jetzt Untiefe Großer Stubber).

Der durch starke Winde an Rügens Küste hervorgerufene Wasserstau führte und führt noch heute zum Wasseraustausch zwischen den Seegebieten um Hiddensee und östlich von Rügen durch den Strelasund. Natürliche Stromrinnen entstanden zwischen der Halbinsel Darß, zwischen den Inseln Hiddensee, Rügen, Greifswalder Oie, Ruden und Usedom und dem Festland. Diese Stromrinnen nutzten schon frühzeitig die Seefahrer.

Im 8. und 9. Jahrhundert lebten entlang der südwestlichen Ostseeküste slawische Stämme. Mit hoher Wahrscheinlichkeit gab es dort, wo sich heute der Stadtkern von Stralsund befindet, eine Siedlung namens Stralow. Ihre Bewohner übernahmen schon frühzeitig den Fährbetrieb zwischen Rügen und dem Festland. Sie müssen demnach schon Ruder- und Segelschiffe gebaut haben, mit denen sie Personen, Vieh und Lasten bei Wind und Wetter über den Strelasund befördern konnten.

Mitte des 12. Jahrhunderts widersetzten sich die Ranen, die Einwohner von Rügen, den Eroberungszügen der Dänen. Die Ranen waren ein Volk von Fischern, Seefahrern und tapferen Kriegern. In der Folgezeit unternahmen sie immer wieder Raubzüge zu den dänischen Inseln. Ihre Raubzüge und die Einnahmen aus dem Heringshandel forderten geradezu neue Kriegszüge der Dänen heraus. Schließlich unterlagen die Ranen 1168 den dänischen Truppen unter ihrem König Waldemar I. Die Dänen stürmten mit ihren Verbündeten die Tempelburg am Kap Arkona sowie weitere Burgen auf Rügen, raubten den Schatz der Ranen, nahmen Jünglinge als Sklaven, hinterließen ein ausgeraubtes Land und schickten Missionare, die die einheimischen Heiden zum christlichen Glauben bekehrten. Der Fürst der Ranen, Jaromar, unterwarf sich den Dänen und erhielt dafür sein Fürstentum Rügen als dänisches Lehen

Das Kniepertor

zurück. Zum Fürstentum Rügen gehörte nicht nur die Insel Rügen, sondern auf dem Festland das Gebiet zwischen den Flüssen Ryck, Trebel und Recknitz.

In diesen Jahrhunderten war die südwestliche Ostseeküste Ziel einer starken deutschstämmigen Einwanderung. Die Siedler kamen vorrangig aus den westelbischen Gebieten. Es waren Bauern, Handwerker und Kaufleute. Der Rügenfürst, der rügensche Adel und die Klöster förderten ihren Zustrom und ihre Ansiedlung in Stralsund und an anderen Orten.

Durch die Entfaltung von Handel und Gewerbe erhoffte sich der Rügenfürst neue finanzielle Einnahmen. Stralsund lag am Meer und besaß einen nördlichen und einen östlichen Zugang zur Ostsee und im Schutz der Insel Dänholm eine sichere Reede. Stralsund lag verkehrsgeographisch am Knotenpunkt der alten Handelsstraßen Lübeck-Rostock-Odermündungen und Demmin-Tribsees-Rügen. Den ergiebigen Heringsfang in den Gewässern um Rügen beherrschten in dieser Zeit die Lübecker. Der Rügenfürst begünstigte die Teilnahme der Stralsunder am Fischfang und Fischhandel. Das brachte dem einheimischen Adel größere Gewinne.

Stralsund besaß für den Rügenfürsten auch eine militärische Bedeutung. Die Ansiedlung am Südufer des Strelasundes hatte den Rang eines Brückenkopfes auf dem Festland. Angesichts der Spannungen mit dem pommerschen Herzog ließ er die Befestigungen ausbauen.

Witzlaw I. verlieh 1234 der Ansiedlung Stralsund das Stadtrecht. Es war lübisches Stadtrecht nach Rostocker Vorbild. Die Stadtrechtsverleihung war mit der Gewährung umfangreicher Privilegien verbunden. Das betraf u.a. den zollfreien Handel im Fürstentum, die Nutzung der Wälder und Weiden, den Fischfang und die Jagd. Außerdem schenkte er der Stadt die Insel Dänholm .

Die rasche wirtschaftliche Entwicklung brachte Stralsund in ernsthafte Widersprüche zu Lübeck. Nachdem die Lübecker 1249 Kopenhagen geplündert und niedergebrannt hatten, segelten sie nach Stralsund. Im Handstreich nahmen sie die Stadt und verwüsteten sie mit Feuer und Schwert. Daraufhin setzten rügische Kaperschiffe den lübischen Kaufleuten ernsthaft zu.

Da Stralsund niemals ein Adelssitz war, gab es auch keine Burg, in der die Einwohner Schutz suchen konnten. Die Stadt war von Anbeginn eine Handels- und Seestadt. Nach den Überlieferungen war Ende des 13. Jahrhunderts der erste Befestigungsring um die Stadt vollendet. Es handelte sich dabei um eine typische mittelalterliche Mauer mit Toren, Türmen, Erkern und Brustwehren. Als Baumaterial verwendete man die in der Umgebung reichlich vorhandenen Steine aus Granit sowie Lehm zum Brennen der Ziegelsteine.

An der Landseite befanden sich vor der Stadtmauer Teiche und sumpfige Gebiete. Sie boten einen natürlichen Schutz. Zusätzlich legten die Stralsunder zwischen der Mauer und den Teichen, vom Knieper- bis zum Tribseer Tor, einen Wassergraben an. An den vorspringenden Punkten der Mauer errichtete man Schanzen und baute sie später zu Bastionen aus. An der Seeseite hatte man vor der Stadtmauer anfangs schmale Landungsstege in den Strelasund gebaut, die man nach und nach untereinander verband. Es entstanden Hafenbecken, und am Ufer und an der Basis der Landungsstege legte man Lager- und Schiffbauplätze an. Die meisten Stadttore befanden sich an der Seeseite. Über See kam der Reichtum in die Stadt. Die Landtore (Franken-, Tribseer- und Kniepertor) erhielten vorgelagerte Schanzen und später Werke.

Die Stralsunder Bürger waren außerhalb des Stadtgebietes vom Kriegsdienst für den Landesherrn befreit. Dafür hatten sie der obersten militärischen Gewalt, dem Rat der Stadt, unbedingten Gehorsam zu leisten. Der Rat führte im Frieden die Aufsicht über die Befestigungsanlagen und die Arsenale. Im Krieg berief er das bewaffnete Bürgeraufgebot und stellte aus seinen Reihen die Anführer. Die Bürger hatten für ihre Waffen und Ausrüstungen selbst aufzukommen.

Was die Stralsunder Befestigungsanlagen wert waren, sollte sich 1316 erweisen. Der Dänenkönig Erich Menved hatte fast alle Feudalmächte zwischen Elbe und Oder als eine Fürstenkoalition um seine Fahne geschart, um Stralsund zu erobern. Lediglich pommersche und brandenburgische Truppen unterstützten die Stralsunder bei der Verteidigung. Die Belagerung begann im Juni 1316. Durch einen kühnen Ausfall besiegten die Stralsunder die Vorhut der fürstlichen Truppen. Daraufhin zog die Fürstenkoalition einen engen Belagerungsring um die Stadt. Auf dem Strelasund manövrierten 24 dänische Koggen und andere Schiffe. Die Stadt war von der Außenwelt abgeschnitten. Den ganzen Sommer über rannten die Belagerer vergeblich gegen die Befestigungsanlagen an. Schließlich mußten sie unverrichteter Dinge wieder abziehen.

Die Niederlage der Fürstenkoalition war gleichzeitig ein Triumph der Stadt über den Rügenfürsten Witzlaw III., der sich am Kampf gegen Stralsund beteiligt hatte. Am 2. Juli 1317 erhielt Stralsund seine geraubten Privilegien zurück und neue hinzu. Zu den militärisch bedeutsamen Zugeständnissen gehörte, daß der Rügenfürst im Umkreis der Stadt auf einer Entfernung von zwei Meilen (etwa 15 km) keine Burgen oder Schanzen anlegen durfte.

Nach dem Aussterben des rügischen Fürstenhauses 1325 fiel das Fürstentum Rügen an den Herzog Wartislaw IV. von Pommern-Wolgast. Als ein Jahr später auch der Pommernherzog verstarb, hinterließ er keine mündigen Erben. Diese Situation wollte der Fürst Heinrich von Mecklenburg ausnutzen und sich das Fürstentum Rügen einverleiben. Die Städte des Fürstentums Rügen lehnten den Übergang an Mecklenburg jedoch ab. Sie befürchteten den Verlust ihrer Privilegien und neue Abgaben. Gemeinsam mit verbündeten Rittern schlugen die rügisch-vorpommerschen Städte in drei Gefechten die Mecklenburger. Heinrich von Mecklenburg mußte schließlich die Zugehörigkeit des Fürstentums Rügen zu Pommern anerkennen.

An diesen Wällen scheiterten so manche Pläne

Mitte des 13. Jahrhunderts hatten die Seestädte an der südwestlichen Ostseeküste den Feudalherren umfangreiche Privilegien abgekauft bzw. abgerungen. Immer erfolgreicher traten die Kaufleute als Vermittler im Handel zwischen den Häfen an der Ost- und Nordseeküste auf.

Doch der Seehandel war großen Gefahren ausgesetzt. Die deutsche Zentralgewalt, der Kaiser, konnte den seefahrenden Kaufleuten keinen Schutz bieten. Es gab keine Flotte des deutschen Reiches. Große und kleine Potentaten rüsteten Kaperschiffe aus, um die reich beladenen Kauffahrer zu jagen. Piraten und Freibeuter gesellten sich hinzu. Schließlich war es vor allem Dänemark, das durch seine restriktiven Maßnahmen auf Schonen und im Öresund sowie durch seinen Anspruch auf die Ostseeherrschaft immer wieder Zündstoff für militärische Konflikte und Kriege lieferte.

Um sich dagegen zu schützen, schlossen sich die Seestädte zur Hanse zusammen. Es begann mit Vereinbarungen zwischen Lübeck und Hamburg. Der Rostocker Landfrieden von 1283 war ein wichtiger Meilenstein auf dem Weg zur Hanse. Lübeck, Wismar, Rostock, Stralsund, Stettin, Greifswald und Anklam trafen untereinander und mit ihren Landesherren Vereinbarungen zur Aufrechterhaltung von Frieden und Sicherheit. In Lübeck fand 1356 der erste Hansetag statt. Durch den Beitritt vieler deutscher Binnenstädte und die Bildung von Kontoren und Niederlassungen entwickelte sich ein die Ost- und Nordseeküste umspannendes Handelsnetz.

Die Stärke der Hanse beruhte auf ihrer wirtschaftlichen Leistungsfähigkeit. Als Vermittler im Fernhandel benötigte sie zuallererst Frieden. Deshalb war sie immer darauf bedacht, Streitigkeiten durch Verhandlungen und Kompromisse beizulegen und erst als allerletztes Mittel die militärische Gewalt anzuwenden.

Das wichtigste Schiff der aufstrebenden Hanse war die Kogge, ein Handels- und Kriegsschiff zugleich. Sie wurde zum Sinnbild der Hansestadt Stralsund. Man findet sie u.a. als Abbildung auf Stadtsiegeln und Münzen.

Um den Schiffen das Ansteuern der Häfen zu erleichtern, entstanden im 13. Jahrhundert im Ostseeraum die ersten Leuchtfeuer (Falsterboe, Travemünde und auf der Insel Lieps in der Wismarer Bucht). Am damaligen südlichsten Ende der Insel Hiddensee (heute etwa Standort des Leuchtfeuers Gellen) stand die Kirche St. Nikolai. Sie gehörte zum Zisterzienserkloster auf Hiddensee und war eine Handels- und Seefahrerkirche. Wahrscheinlich nutzten

Seiten 14/15: Stadtmauer am Knieperwall (restauriert)

damals die Seefahrer die Gewässer beim Gellen als Ankerplatz. Größere Schiffe leichterten hier einen Teil der Ladung. Andere warteten günstige Winde ab, um nach Stralsund zu segeln. Um den Gellen leichter zu finden, nahm dort 1306 ein Leuchtfeuer den Betrieb auf. Stralsund hatte die Kosten für den Bau des Turmes bei der Kirche übernommen. Die Mönche beaufsichtigten das Leuchtfeuer. Das Heimatmuseum in Kloster auf Hiddensee informiert über die „Luchte" bei der Gellenkirche.

Die Vereinigung des Fürstentums Rügen mit dem Herzogtum Pommern-Wolgast 1532 erweiterte wesentlich das binnenländische Einzugsgebiet der Stralsunder Kaufleute. Gleichzeitig dehnten sie ihren Fernhandel nach Norwegen und England, in die östliche Ostsee sowie nach Flandern und Westfalen aus. Stralsund wurde für die englischen Kaufleute zu einem bevorzugten Umschlagplatz für Getreide.

Mitte des 14. Jahrhunderts schränkte Dänemark die Privilegien der Hanse beim Passieren des Öresundes und auf Schonen ein. Es wollte sich von der Übermacht der Hanse befreien, den eigenen Kaufleuten mehr Spielraum verschaffen und Holländer und Engländer anlocken. Der dänische König Waldemar IV. Atterdag landete auf Gotland und verheerte die alte hanseatische Metropole Visby. Daraufhin versammelte sich beim Dornbusch/Hiddensee eine hanseatische Flotte. Sie segelte zum Öresund, um sich für den Überfall auf Visby zu rächen. Doch die Hanseaten erlitten eine Niederlage. Damit fanden sie sich aber nicht ab.

Im April 1368 sammelten sich erneut hanseatische Kriegsschiffe beim Dornbusch/Hiddensee. Das Geschwader umfaßte 17 größere und 20 kleinere Schiffe mit 2000 Mann Landungstruppen. Mit nördlichem Kurs lief es in den Öresund ein. Die hanseatischen Truppen nahmen Kopenhagen ein und machten es dem Erdboden gleich. Anschließend setzten sie ihre Kriegszüge auf Schonen fort. Nach verlustreichen Kämpfen mußte Dänemark 1370 in Stralsund Frieden schließen.

Der Stralsunder Friede von 1370 war ein Sieg des Städtebürgertums über den Adel. Die Jahrzehnte danach, bis weit ins 15. Jahrhundert, wurden zur eigentlichen Blütezeit der Hanse. Auch Stralsund hatte Anteil an diesem ökonomischen Aufschwung. Für die Stadt blieben der Fernhandel und die Schiffahrt die wichtigsten Wirtschaftszweige. Stralsunder Kaufleute dehnten ihre Handelsbeziehungen bis nach Schottland und Spanien aus.

In der Stadt am Sund begann Anfang des 15. Jahrhunderts der Aufbau einer Schiffswerft. Sie befand sich unterhalb des Heilgeistklosters. Nach den Archivalien sollen sich dort sechs bis acht Schiffbauplätze befunden haben.

Stralsund blieb auch in den folgenden Jahren nicht von Überfällen verschont. Im Krieg der Hanse gegen Dänemark (1426-1435) segelten am 5. Mai 1429 über 70 dänische Schiffe mit 1400 Bewaffneten an Bord nach Stralsund.

Stralsunder Kogge. Ölgemälde von Bernd Anders, Greifswald. Marinemuseum Dänholm

Das Rathaus und die Kirche St. Nicolai

Nachts drangen sie durch den Gellen in den Strelasund ein und tauchten überraschend vor der Stadt auf. Sie versenkten Schiffe im Hafen und machten Gefangene. Doch in die Stadt konnten sie nicht eindringen.

Bei auffrischenden nördlichen Winden konnten die Dänen durch den Gellen die Ostsee nicht wieder erreichen. Sie segelten weiter zum Greifswalder Bodden und plünderten dort Siedlungen. Als der Wind umsprang, segelten sie zurück nach Stralsund. Hier hatten inzwischen die Stralsunder ihre Schiffe auf einen Kampf vorbereitet. Verstärkung erhielten sie durch sechs bewaffnete Kauffahrer aus Lübeck und Wismar. Als am 9. Mai 1429 das dänische Geschwader wieder vor der Stadt auftauchte, griffen die Stralsunder gemeinsam mit ihren Verbündeten an und brachten den Dänen eine Niederlage bei.

Eine neue schwere Belastungsprobe für die Stadt brachte der Dreißigjährige Krieg (1618-1648). Die kaiserlichen deutschen Truppen drangen unaufhörlich nach Norden vor. Im Herbst 1627 okkupierten sie Mecklenburg. Die Hansestädte Wismar und Rostock mußten sich unterwerfen. Daraufhin befahl Wallenstein seinem Obristen Hans Georg von Arnim, in Pommern einzurücken. Ziele waren vor allem Stralsund und weitere vorpommersche Seestädte sowie die Insel Rügen. Stralsund und Rügen sollten die Basis für den Aufbau einer Flotte des deutschen Reiches sein. Von hier aus wollte Wallenstein, inzwischen mit dem Titel „General des Ozeanischen und Baltischen Meeres“ geschmückt, die Seeherrschaft der Dänen und Schweden in der Ostsee brechen.

Als die Stralsunder die Gefahr erkannten, verstärkten sie die Stadtbefestigungen, erhöhten die Vorräte an Bewaffnung, Munition und Pulver, warben Söldner an und bestückten eine Jacht. Der Schiffskapitän Peter Blome kreuzte mit ihr vor der Stadt.

Im Februar 1628 ließ Wallenstein vor den Ostseehäfen Schanzen errichten, die das Eindringen dänischer und schwedischer Kriegsschiffe in die Häfen verhindern sollten. Gleichzeitig versuchte man, Stralsund von der Insel Dänholm aus zu kontrollieren. Als die kaiserlichen Truppen die Insel von Rügen aus besetzten und mit dem Bau der Schanzen begannen, blockierten Stralsunder Seeleute mit ihren Booten den Dänholm. Die Kaiserlichen mußten die Insel wieder räumen.

Als am 30. April 1628 Stralsunder Abgeordnete und Wallenstein über die Beendigung der Angriffe auf die Stadt verhandelten und Wallenstein die Zahlung einer großen Geldsumme verlangte, antworteten die Stralsunder:

Dat hebben wie nich!

Auf seine Forderung nach Aufnahme einer Garnison:

Dat do wie nich!

Und auf die folgenden Beschimpfungen:

Dat sind wie nich!

Wallenstein fand sich mit der Niederlage vor Stralsund nicht ab. Er brauchte die Stadt für die weitere Expansion nach Norden und für die Erringung der Herrschaft in der Ostsee. Im Frühjahr 1628 zog Oberst Arnim (ab 30. April 1628 Feldmarschall) die Belagerungstruppen um die Stadt zusammen. Stralsund war vom Hinterland abgeschnitten. Die Kaiserlichen warfen vor den städtischen Außenwerken, vor allem vor dem Franken- und dem Kniepertor, Schanzen auf. Von dort aus wollten sie die Stadt beschießen und anschließend die Tore stürmen.

Rügen hatten die Kaiserlichen schon im Jahr zuvor besetzt. Versorgt wurden sie über die Landenge bei Stahlbrode und Glewitz an der Mündung des Strelasunds in den Greifswalder Bodden. Der Dänholm blieb im Besitz der Stadt. Obwohl die Verteidigung der Insel sehr viele Soldaten band, wurde sie während der gesamten Belagerung nicht aufgegeben.

Die dänische Flotte und schwedische Geschwader kreuzten häufig in den Gewässern um Rügen. Dem hatte Arnim nichts entgegenzusetzen. Um wenigstens den Durchbruch feindlicher Schiffe zum Stralsunder Hafen zu erschweren, legten die Kaiserlichen bei Barhöft, Altefähr, an der Grahler Fähre und auf der Halbinsel Drigge, nördlich von Brandshagen sowie gegenüber bei der Neuen Fähre (später Proßnitzer Schanze) Schanzen an. Die bei Brandshagen war mit 24 Geschützen die am stärksten bestückte. Schiffe konnten nur noch nachts die Enge zwischen den Schanzen Brandshagen und Neue Fähre passieren.

Die gesamten Stralsunder Befestigungsanlagen wurden weiter verstärkt und die Kriegsvorräte vergrößert. Die Stadt stellte sieben Kompanien Bürgerwehr mit 2450 Männern. Die Bürgerwehr besetzte die Stadtmauern, die Tore und Wälle sowie die innerhalb der Dämme liegenden Werke. Außerdem hatte man 900 bis 1000 Soldaten angeworben, die die Außenwerke verteidigten. Alle Bürger in der Stadt mußten Soldaten in Quartier nehmen, sie beköstigen und ihnen teilweise den Sold zahlen. Das steigerte nicht gerade die Kriegslust der Stralsunder.

Am 16. Mai 1628 begannen die Angriffe auf die Außenwerke und der Beschuß der Stadt. Es zeichnete sich ab, daß der Fall der Stadt nur noch eine Frage der Zeit war. In dieser Situation griff Dänemark ein. Auf Stralsunds Bitte hin, schickte der dänische König Christian IV. Truppen und Munition. Am 26. Mai 1628 trafen unter dem dänischen Oberst Heinrich Holk die ersten Soldaten (drei Kompanien Schotten und eine Kompanie Deutsche) ein. Ihnen folgten weitere dänische Truppen.

Die Truppen griffen auf den äußeren Werken sofort in den Kampf ein. Es war wesentlich ihr Verdienst, daß die Stadt in diesen Wochen nicht fiel. Allerdings bereiteten die „wilden und zügellosen Schotten“ den Stralsundern manche Unannehmlichkeiten.

Da es in Stralsund keine Geschützgießereien gab, wurden gesprungene Geschützrohre nach Dänemark geschafft und dort neu gegossen.

Zur Koordinierung aller an der Verteidigung der Stadt beteiligten Kräfte wurde der Oberste Kriegsrat gebildet, in dem die Dänen und die Stralsunder gleichermaßen vertreten waren. Trotzdem blieben die dänischen Truppen dem Oberst Holk, die Bürgerwehr und die angeworbenen Soldaten der Stadt unterstellt. Wenigstens zweimal in der Woche trat der Oberste Kriegsrat zusammen, um die notwendigen Maßnahmen abzustimmen. Bei dem großen Einfluß, den Oberst Holk während der Verteidigung der Stadt hatte, kann man ihn als den ersten Festungskommandanten von Stralsund bezeichnen.

Zur Aufrechterhaltung der Disziplin und Ordnung erließ der Oberste Kriegsrat neue Kriegsartikel, die für alle Truppenteile galten. Strafbar waren Gotteslästerei, „stetiges Fressen und Saufen", Verrat, Meuterei, Schlägerei, Feigheit vor dem Feind, Vergewaltigung, Überfälle auf ältere Menschen und Kinder, Diebstahl, Verleumdung u. a. Die Kriegsartikel forderten von den Dänen, Schotten und Deutschen ein gemeinsames Handeln. Die Strafen entsprachen den damaligen Rechtsauffassungen. Der Tod durch Erschießen gehörte wohl zu den angenehmsten Strafen in der langen Reihe der Variationen. Es herrschte Krieg. Mit den Delinquenten und Beschuldigten wurde kurzer Prozeß gemacht. Die Vollstreckung der Urteile in der Öffentlichkeit war für die Zuschauer eine Abschreckung und Gaudium zugleich.

Als der schwedische König Gustav II. Adolf von der Zuspitzung der Lage um Stralsund erfuhr, unterbreitete er dem Rat der Stadt ein Hilfsangebot. Ganz so edel und uneigennützig war dieses Angebot jedoch nicht. Schweden wollte seinen Widersacher Dänemark in Pommern ausschalten und für sich einen Brückenkopf an der südwestlichen Ostseeküste gewinnen. Die Stadt ging in ihrer schwierigen Lage auf das Hilfsangebot ein und trug dem schwedischen König ein Bündnis an. Der griff zu und schloß mit Stralsund am 23. Juni 1628 einen Allianzvertrag ab. In ihm übernahm der Schwedenkönig die Verpflichtung, die Stadt im Kampf gegen die kaiserlichen deutschen Truppen allseitig zu unterstützen. Als die schwedischen Truppen in der Stadt eintrafen, erkannten Wallenstein und seine Feldherren die Sinnlosigkeit weiterer Angriffe und gaben die Belagerung auf.

Seiten 22/23: Die städtische Werft

Unter schwedischer Vorherrschaft

Der Abzug der kaiserlichen deutschen Truppen aus den Stellungen vor Stralsund bedeutete aber nicht, daß die Stadt damit ihre unterbrochenen traditionellen Handelsverbindungen wieder herstellen konnte. Die großen Binnenhandelsstraßen waren weiterhin unpassierbar, und da die kaiserlichen Truppen noch Rügen besetzt hielten, konnte sich auch der Seehandel nicht entfalten.

Wallenstein befürchtete eine größere dänische Landung auf Rügen und verstärkte die dort stationierten Truppen auf 15000 Mann. Sie saugten die Einwohner buchstäblich bis aufs Blut aus.

Nach dem Friedensschluß zwischen dem Deutschen Reich und Dänemark am 22. Mai 1629 in Lübeck war die Gefahr einer dänischen Landung auf Rügen gebannt. Die kaiserlichen Hauptkräfte verließen die Insel, auf der im Sommer 1630 zusätzlich die Pest ausbrach. Besetzt blieben weiterhin die Schanzen von Altefähr, die auf der Halbinsel Drigge und bei der Neuen Fähre (später Proßnitzer Schanze).

Bis zum Sommer 1629 verstärkte Schweden seine Truppen in Stralsund auf fast 5500 Mann Fußvolk und 225 Reiter. Die Befestigungsanlagen wurden ausgebaut. Die Leitung der Baumaßnahmen übernahmen schwedische Fortifikationsoffiziere, und die Stadt finanzierte die Arbeiten. Neu gebaut bzw. ausgebaut wurden in den folgenden Jahren das Kronwerk vor dem Frankentor, das Hornwerk vor dem Kniepertor und eine Bastion vor dem Tribseer Tor. An der Landseite vor den Teichen legte man einen Ring von Bollwerken an, und an der Seefront wurden Palisaden gerammt und Schanzen aufgeworfen. Auf der Insel Dänholm entstand ein fünfeckiges sternförmiges Fort. Der Ausbau der Befestigungsanlagen dauerte bis 1641. Danach beschränkte man sich auf ihre Instandhaltung.

Stralsund nahm den Artilleriemeister Joachim Ebeling in seinen Dienst. Er beherrschte die Kunst des Geschützgießens. Unter seiner Leitung wurden nicht nur Geschützrohre, sondern auch zwei Glocken für die Pfarrkirche St. Marien gegossen.

Für das Jahr 1630 plante der schwedische König Gustav II. Adolf eine Landung an der pommerschen Küste. Er beabsichtigte, in den Krieg auf dem zentraleuropäischen Kontinent einzugreifen. Die Festung Stralsund, seinem wichtigsten Brückenkopf, hatte er fest im Griff. Doch auf Rügen standen noch kaiserliche Truppen. Deshalb begannen die Schweden im Frühjahr 1630 vom Festland aus mit der Eroberung der Insel. Die wenigen kaiserlichen deutschen Soldaten wußten, daß sie den Ansturm der Schweden nicht abwehren konnten. Bevor sie sich zum Festland zurückzogen, plünderten sie die Insel. Ähnlich erging es den Dörfern rings um Stralsund.

Büste des schwedischen Königs Gustav II. Adolf
im Rathausgang

Modell der brandenburgischen Fregatte
FRIEDRICH WILHELM ZU PFERDE.
Marinemuseum Dänholm

Am 24. Juni 1630 ankerte die schwedische Flotte mit 230 Schiffen und einem vorzüglich ausgerüsteten Heer von 15000 Mann an Bord zwischen Mönchgut/Rügen und der Insel Greifswalder Oie. Zwei Tage später gingen die schwedischen Hauptkräfte bei Peenemünde/Usedom an Land und begannen ihren Siegeszug durch Deutschland.

Ende August 1630 traf der schwedische Reichskanzler in Stralsund ein. Sicher erwartete er den Jubel der Bürger. Doch der Bürgermeister mußte ihm allein entgegengehen. Dafür bekamen die Stralsunder Schelte. Es hieß, sie seien faul, weil sie nicht an den Befestigungsanlagen arbeiten wollten. Der schwedische König verlange aber ihre vollständige Unterordnung.

Als am 10. September 1630 Gustav II. Adolf mit einem Schiff nach Stralsund kam, empfing ihn beim Gang von der Fährbrücke zum Alten Markt der Jubel der Einwohner, Glockengeläut und der Salut der Festungsartillerie. Der Rat der Stadt hatte sich gründlich auf die Feierlichkeiten vorbereitet und keine Kosten für eine reich gedeckte Tafel gescheut. Doch mit dem Feiern ließ sich der schwedische König Zeit. Sein erstes Augenmerk galt den Befestigungsanlagen. Für ihn war Stralsund ein Schlüssel zur Ostsee.

Ehemaliges schwedisches Proviantmagazin (Schillstraße)

Das Eingangstor zum Proviantmagazin

Preußensäule bei Neukamp.
Der brandenburgische Kurfürst Friedrich Wilhelm

Nach dem Abzug der kaiserlichen deutschen Truppen kam der Seehandel langsam wieder in Gang, doch es gab immer noch große Hemmnisse. Hatten die Kaiserlichen mit ihren Schanzen den Seeweg über den Greifswalder Bodden zur Ostsee gesperrt, so jagten nun Kaperschiffe im Auftrag des Deutschen Kaisers die Stralsunder Kauffahrer.

Mit dem allmählichen Aufschwung des Seehandels, Hauptexportgüter blieben Getreide und Malz, blühte auch das Handwerk in Stralsund auf. Die Werft wurde an den Strand zwischen dem Fährtor und dem Semlower Tor verlegt. 33 Schiffe liefen zwischen 1639 und 1647 vom Stapel. Sie besaßen durchschnittlich eine Tragfähigkeit von 28,6 Lasten (etwa 54 t). Den Bau größerer Schiffe ließen die flachen Stralsunder Fahrwasser nicht zu.

Der Westfälische Friede von 1648 besiegelte die Zugehörigkeit Stralsunds zu Schweden. Mit Wismar, Vorpommern, Rügen und Wollin besaß Schweden starke Positionen an der deutschen Ostseeküste. Weil Schweden Stralsund brauchte, gewährte es der Stadt und Festung einige Vergünstigungen. So lag in Friedenszeiten nur eine kleine schwedische Garnison in der Stadt, und die Bürger waren von der Kriegsdienstpflicht befreit. Die alte Wehrverfassung, nach der die Stadt eine Bürgerwehr unterhielt und zusätzlich Soldaten anwerben konnte, blieb weiterhin gültig. Die Stadt besaß eine eigene Artillerie und ein Zeughaus. Der Stadtmajor beaufsichtigte den Wachdienst der angeworbenen Soldaten und der Bürgerwehr und organisierte ihre Ausbildung. Den Oberbefehl über das gesamte Militärwesen behielt der Rat der Stadt.

Die Beruhigung der internationalen Lage nach dem Westfälischen Frieden währte nicht lange. Im 17. und 18. Jahrhundert war die Ostsee wieder Kriegsschauplatz. Vor allem Schweden, Dänemark, Polen-Sachsen, Brandenburg/Preußen und Rußland bekämpften sich. Und die Niederlande, die ein vitales Interesse am Ostseehandel hatten, griffen mit Flottenkräften in die Kriege ein.

Der polnisch-schwedische Krieg (1655-1660) und der dänisch-schwedische Krieg (1657-1660) fanden zwar weit von Stralsund entfernt statt; doch die Teilnahme Brandenburgs mal auf der einen und dann wieder auf der anderen kriegführenden Seite sowie sein Anspruch auf Vorpommern beschwor neue Gefahren herauf.

Der brandenburgische Kurfürst Friedrich Wilhelm kämpfte 1657/58 an der Seite des Deutschen Kaisers und Dänemarks auf der Halbinsel Jütland gegen die Schweden. Als sich der Kriegsverlauf immer ungünstiger gestaltete und er sich von den Niederlanden im Stich gelassen fühlte, zog er sich nach Vorpommern zurück.

Die schwedischen Truppen behielten Stralsund, Greifswald und Wolgast sowie Usedom fest in ihrer Hand. Die schwedische Flotte versorgte die Garnisonen in den Seestädten. Der brandenburgische Kurfürst mußte dem macht-

Die ehemalige schwedische Kommandantur am Alten Markt

los zusehen, da er keine Kriegsflotte besaß. Der Friede von Oliva (1660) beendete den Krieg in Pommern.

Schon 14 Jahre später wurde Stralsund erneut in einen Krieg hineingezogen. Die Schweden marschierten 1674 in Brandenburg ein. In der Schlacht bei Fehrbellin am 28. Juni 1675 erlitten sie eine Niederlage und mußten sich nach Vorpommern zurückziehen. Brandenburg verbündete sich mit Dänemark. Im Kampf gegen Schweden hoffte es auf die Unterstützung durch die dänische Flotte. In den Jahren 1676 und 1677 kam es in der mittleren und westlichen Ostsee zu mehreren Seeschlachten zwischen der schwedischen und der dänisch-niederländischen Flotte. Schweden verlor die Seeherrschaft und konnte seine Truppen in Vorpommern nicht mehr versorgen.

An der Blockade der Häfen in Schwedisch-Pommern beteiligten sich erstmalig brandenburgische Kriegsschiffe. Sie lagen im Mai/Juni 1676 in den Gewässern um Rügen auf der Lauer. Es gelang ihnen, die schwedische Fregatte LEOPARDEN und einen Brander aufzubringen. Dies war ein großer Erfolg für die gerade geschaffene brandenburgische Marine.

Nachdem die schwedische Flotte geschlagen war, verlagerten sich die Kampfhandlungen in die Küstenregionen. Brandenburgische Truppen belagerten Stettin und zwangen die schwedische Garnison im Dezember 1677 zur Kapitulation.

Unterdessen waren im September 1677 dänische Truppen am Strand der Prorer Wiek gelandet. Es gelang ihnen, die Insel Rügen bis auf die Schanze bei der Neuen Fähre einzunehmen. Die Schweden hielten sich nur noch in Stralsund und Greifswald. In einer entschlossenen Aktion eroberten sie von Stralsund aus die Insel Rügen zurück. Am 21. Januar 1678 mußten 5000 im dänischen Dienst stehende Soldaten auf der Halbinsel Wittow/Rügen kapitulieren. Sie hatten vergeblich auf Transportschiffe gewartet, die sie evakuieren sollten.

Wenn auch die Dänen von der Insel Rügen vertrieben waren, so vergrößerte sich 1678 die Gefahr einer erneuten Belagerung Stralsunds. Unter schwedischer Anleitung wurden deshalb die Befestigungsanlagen verstärkt und erweitert. Besonderes Augenmerk galt dabei vor allem den Toren an der Landseite. Auf der Insel Dänholm und an der Seefront waren neue Schanzen aufgeworfen worden. Vor dem Hafen wurde eine doppelte Pfahlreihe gerammt und die Einfahrt durch einen Baum verschlossen. Zwischen dem Frankentor und dem Tribseer Tor entstanden vier neue Bastionen (Blaue Turm-, Weinberg-, Schützen- und Mühlenbastion). Allerdings waren sie noch nicht durch Mauern verbunden. Außerdem hatte man versäumt, an der Landfront vorgeschobene Werke anzulegen. Dadurch war es grundsätzlich möglich, bei einer Belagerung die schwere Artillerie bis dicht an die Teiche heranzuziehen und die Innenstadt zu beschießen.

Das Frühjahr und der Sommer 1678 gingen vorüber, doch Brandenburg und Dänemark konnten sich nicht auf eine gemeinsame Landung auf Rügen einigen. Erst, als sich der brandenburgische Kurfürst Friedrich Wilhelm bereit erklärte, im Falle des Sieges die Insel Rügen den Dänen zu überlassen, begannen die unmittelbaren Vorbereitungen. Dänemark setzte Anfang September 1678 eine große Landungsflotte mit 27 Linienschiffen und Fregatten sowie zahlreichen Transportschiffen in Marsch. An Bord befanden sich 4000 Mann Infanterie und 250 brandenburgische Reiter.

Die Brandenburger zogen bei Peenemünde 350 Ruder- und Segelboote zusammen. Hier gingen 7000 bis 8000 Mann mit Geschützen und Pferden an Bord. Sie sollten im Greifswalder Bodden auf der Halbinsel Zudar landen. Der schwedische König erwartete sie dort mit seinen Truppen. Doch der anhaltende Ostwind drohte, die Schiffe auf den Strand zu treiben. Ähnlich war die Situation für die Dänen am langen Strand der Schaabe. Kurz entschlossen gingen die Brandenburger beim Ort Neukamp am Greifswalder Bodden und die Dänen beim Dorf Vitt unterhalb von Arkona an Land. Die schwache schwedische Gegenwehr konnte die Landungstruppen nicht aufhalten. Zielstrebig stießen sie über Rügen in Richtung Stralsund vor. Den befestigten Ort Altefähr nahmen sie im Sturm. Die Schweden zogen sich nach Stralsund zurück und gaben dabei die Insel Dänholm auf.

Es begann die Belagerung Stralsunds. Die Stadt war an der Landseite fest eingeschlossen. Brandenburgische und dänische Kriegsschiffe blockierten die Fahrwasser. Die Belagerungsartillerie bezog ihre Stellungen, aber noch fehlte das Pulver. Am 20. Oktober 1678 brachte es ein Schiff aus Stettin. Am selben Tag begann das Bombardement aus 80 Kanonen, 50 Haubitzen und 20 Mörsern. Nach schwerem Beschuß mußten die schwedische Garnison und die Stralsunder Bürgerwehr kapitulieren. Über die Hälfte der Häuser brannte lichterloh.

Die in Stralsund und Greifswald gefangengenommenen schwedischen Soldaten und ihre Familien sollten Anfang Dezember 1678 in ihre Heimat transportiert werden. Dafür wurde in Peenemünde eine Transportflotte aus deutschen, niederländischen und schwedischen Schiffen zusammengestellt. Kriegsschiffe des brandenburgischen Kurfürsten übernahmen die Sicherung bei der Überfahrt.

Bei Sturm und dichtem Schneetreiben kam der Konvoi in der Nacht vom 14. zum 15. Dezember 1678 vom Kurs ab. 22 Schiffe liefen an der Küste bei Roenne/Bornholm auf Grund. Über 1500 Menschen ertranken in den eisigen Fluten, und die, die sich retten konnten, gerieten in dänische Gefangenschaft. In den Fluten versank auch ein Teil des pommerschen Archivs. Mit den Schiffen gingen viele Kanonen und ein wertvoller Schatz verlustig. Die Brandenburger verloren die Kriegsschiffe GOLDENER LOEWE und SALAMANDER.

INSULÆ et PRINCIPATUS RUGIÆ
Ein Theil von der Insul und
RUGEN
Die Insul
Theil der OOST SEE
PLAN
Und Situation von der Statt u. Vestung
STRALSUND
Wie Selbige von derer Hohen wieder die Cron Schweden Allirten Armeen Aňo 1715. den 15ten Julii bereňet, und hernachmahls die Approchen den 19ten October davor seyndt eröffnet worden.
Explication derer in der Statt befindlichen Zahlen.
S. Johanis Kirch u. Closter.
Haupt Kirch S. Nicolai
S. Jacobs Kirch
Schwedische Kirch zum Heily Geist
S. Marien-Kirch
S. Catharinen Kirch
Das Rath-Hauß
Das Waysen Hauße
9. Das Gast-Hauß
11. Kiecken-Thurn
12. Küther-Thor
13. Hospitaler Thor
14. Kniper Thor
15. Vohr Thor
16. Semlow Thor
17. Baden Thor
18. Heily Geist-Thor
19. Langen-Thor
20. Francken-Thor
21. Thor-Hauß
22. Francken Pfort
23. Blauer Thurn
24. Das Neue-Hauß
25. Neues Hornwerk
Hospitaler Teich
Küter Teich
Vogel Stange
Die Circumvallations Linien
Königl. Danische Lager
Artillerie
Danisches Haupt Quartier
Die

Die Belagerung Stralsunds 1715

Im Frieden von St.-Germain-en-laye am 29. Juni 1679 mußten Dänemark und Brandenburg den Anspruch Schwedens auf seinen Teil Pommerns und auf Rügen noch einmal anerkennen.

Im Großen Nordischen Krieg (1700-1720) waren Stralsund und Rügen erneut Kriegsschauplatz. Im August 1711 rückten polnisch-sächsische, russische und dänische Truppen in Schwedisch-Pommern ein. Ab 7. September 1711 belagerten 30000 Mann Stralsund, konnten die Festung aber nicht stürmen, weil ihnen die schwere Belagerungsartillerie fehlte.

Wie in den vergangenen Kriegen hing die Verteidigung Stralsunds erneut vom schwedischen Nachschub ab. Um diesen zu unterbinden, setzte Dänemark im Jahr darauf flachgehende Kriegsschiffe im Schutz von elf Linienschiffen zur Insel Rügen in Marsch. Am 28. Juli 1712 ankerten sie zwischen Mönchgut/Rügen und der Insel Ruden.

Die Zugänge zum Greifswalder Bodden sicherte eine schwedische Flottille unter dem Kommandeur Henk. Sie bestand aus sechs sogenannten Stralsundschen Fregatten, die speziell für die flachen Gewässer um Rügen gebaut worden waren, und sechs kleineren Fahrzeugen mit insgesamt 182 Geschützen.

Henk versperrte den Dänen den Zugang zum Greifswalder Bodden östlich von Mönchgut. Daraufhin segelten die Dänen zur Insel Greifswalder Oie und drangen durch das Osttief in den Greifswalder Bodden ein. Die Schweden mußten sich in Richtung Palmer Ort zurückziehen. Anschließend erlitt Henk in den Gewässern vor Greifswald eine Niederlage

Im September 1712 segelte eine große schwedische Transportflotte (95 Schiffe) nach Rügen, um Verstärkung und Nachschub nach Pommern zu bringen. Sie ankerte etwa zwei Seemeilen westlich von Arkona und begann mit der Ausschiffung und Entladung. 29 Linienschiffe sollten dieses Unternehmen vor den Angriffen der Dänen, die mit 22 Linienschiffen heranrückten, decken. Beide Flotten manövrierten zwischen Arkona und Hiddensee in Schlachtordnung. Den dänischen Fregatten gelang der Durchbruch zu den unter der Küste ankernden schwedischen Transportschiffen, sie eroberten 15 und verbrannten 40. Etwa 40 schwedischen Transportschiffen gelang die Flucht. Sie suchten jedoch nicht den Schutz ihrer Flotte, sondern zerstreuten sich in alle Himmelsrichtungen. Fast alle gingen in den schweren Stürmen der nächsten Tage verloren.

Ende September 1713 kapitulierte die schwedische Garnison von Stettin vor den Angriffen der russischen Truppen. Rußland übergab im Schwedter Vertrag vom 6. Oktober 1713 Stettin und das Land bis zur Peene an Preußen zur Verwaltung. Der russische Zar Peter I. überließ dem preußischen König Friedrich Wilhelm I. die Stadt und Festung Stettin sowie die Odermündungen, um die dessen Großvater, der brandenburgische Kurfürst Friedrich Wilhelm, so erbittert gekämpft hatte. Dafür verpflichtete sich Preußen, das Gebiet gegen die Schweden zu sichern und vorerst neutral zu bleiben.

Am 1. Mai 1715 trat Preußen in den Nordischen Krieg ein. Es erklärte Schweden den Krieg, nahm Wolgast und Usedom ein und beteiligte sich an der Belagerung Stralsunds.

Im Herbst 1715 schlossen die verbündeten Belagerungstruppen Stralsund ein, jedoch alle Angriffe auf die Festung scheiterten. Erst mußte Stralsund, wie schon 1678, durch die Einnahme der Insel Rügen von den Seeverbindungen zum schwedischen „Mutterland" abgeschnitten werden. Nach der Landung von 20 000 Preußen, Dänen und Polen-Sachsen, darunter 6000 Reiter, bei Groß Stresow wurde Rügen besetzt. Der schwedische König Karl XII. zog sich mit seinen Truppen nach Stralsund zurück, floh dann aus der Stadt, und die schwedische Garnison kapitulierte. Sie verließ am 24. und 25. Dezember 1715 die Stadt und ging in die Gefangenschaft. Stralsund und Rügen erhielten vereinbarungsgemäß eine dänische Verwaltung. Im Friedensvertrag Preußens mit Schweden vom 21. Januar 1720 gingen jedoch der dänisch besetzte Teil Vorpommerns sowie die Inseln Rügen und Ruden wieder in schwedischen Besitz über.

Schweden trat 1757 an der Seite Frankreichs in den Siebenjährigen Krieg (1756-1763) ein, um die 1720 an Preußen verlorenen Gebiete zurückzugewinnen. Von den Stralsunder Regimentern nahm das Regiment Graf Spens im vollen Bestand (1200 Mann) und von den anderen drei Regimentern zwei aus ihnen zusammengestellte Bataillone teil.

Preußen hatte sich mit England verbündet. Es hoffte, starke englische Flottenkräfte würden in die Ostsee einlaufen, an der pommerschen Küste Truppen anlanden und damit eine Entlastung in den Kämpfen auf dem zentraleuropäischen Kontinent erreichen. Schweden war sich der Gefahr für „sein" Stralsund bewußt, baute die Befestigungsanlagen weiter aus, manövrierte vorsichtig mit seinen Truppen in Pommern und beließ in der Stadt mit drei Regimentern eine starke Garnison.

Die Kampfhandlungen in Pommern waren mit einem erwähnenswerten Ereignis verbunden. Die wichtigste Schiffahrtsroute nach Stettin verlief durch den Greifswalder Bodden, durch den Peenestrom, am schwedischen Wolgast vorbei und durch das Achterwasser. Die Swinemündung war damals nur durch kleine und flachgehende Fahrzeuge passierbar. Deshalb war es für die Schweden relativ einfach, die nach Stettin einlaufenden Handelsschiffe schon im Greifswalder Bodden abzufangen. Der Stettiner Handel erlitt dadurch schweren Schaden. Um sich dagegen zu wehren, rüsteten die Stettiner Handels- und Fischereifahrzeuge zu Kriegsschiffen um. Die Geschütze stellte das Zeughaus und die Artilleristen die Garnison. Kapitäne und Steuerleute von Handelsschiffen übernahmen das Kommando über diese „Kriegsschiffe". In der Folgezeit kam es zu mehreren Gefechten. Das bedeutendste Gefecht der Stettiner Haff-Flottille fand am 10. September 1759 beim Repziner Haken (Stettiner Haff) statt. Fast die gesamte preußische Flottille wurde durch die schwedischen Kanonenschaluppen aus Stralsund aufgerieben.

Nach schwedischen Vorbildern wurde 1778 in Stralsund das Militair-Kinder-Erziehungs-Institut (Soldate barn Hus) gegründet. Hier erhielten etwa 100 Kinder gefallener Soldaten eine kostenlose schulische Ausbildung, Verpflegung sowie eine finanzielle Unterstützung beim Kauf von Bekleidung. Anfangs nutzte das Institut (manchmal als Soldatenkinderhaus bezeichnet) einige Räume im Garnisonslazarett am Neuen Markt. Zehn Jahre nach seiner Gründung erwarb die Stiftung das Haus Badenstraße 16.

Preußen führte das Soldatenkinderhaus weiter. In ihm erhielten die Soldatenkinder der Garnison eine kostenlose schulische und in einer angeschlossenen „Industrie"-Schule eine handwerkliche Ausbildung. Dort, wo einst das Soldatenkinderhaus stand, baute die kaiserliche Reichsbank ein protziges Gebäude und eröffnete in ihm am 28. August 1893 den Geschäftsbetrieb.

Im Krieg Schwedens gegen Rußland (1788-1790) wurden die Stralsunder Regimenter Leibregiment der Königin und Psilanderhjelm nach Schweden verlegt. Vor allem das Leibregiment der Königin nahm an Bord der Armee- und Schärenflotte an den Gefechten bei Kronstadt am 3. und 4. Juni 1790 und in der Wyborger Bucht am 3. Juli 1790 teil.

Auf der Stralsunder Werft wurden in diesen Jahren Kanonenschaluppen gebaut und nach Schweden geliefert. Für die Zeit der Abwesenheit der beiden Regimenter erhielt Stralsund ein neu aufgestelltes Bataillon unter dem Oberst Carl Ludvig von Hintzenstern als Garnison.

Das 18. Jahrhundert ging zur Neige, und auch in diesem Zeitabschnitt wurde Stralsund durch die expansive Außenpolitik Schwedens immer wieder in Kriege hineingezogen. Schweden verlor die Ostseeherrschaft, und Stralsund wurde erneut vom Fernhandel abgeschnitten. Für die Entfaltung der kapitalistischen Produktionsweise nach holländischem oder englischem Vorbild fehlten damit die Voraussetzungen, insbesondere das notwendige Kapital. Die politischen Errungenschaften der Französischen Revolution von 1789 blieben den Stralsundern verschlossen. Aus der Blütezeit der Hanse existieren nur noch die beeindruckenden Bauwerke.

Napoleons Soldaten in der Stadt

Als Frankreich zu Beginn des 19. Jahrhunderts große Teile Europas eroberte, trat Schweden 1805 der antifranzösischen Koalition bei. Dadurch wurden die Festung Stralsund und Schwedisch-Pommern immer wieder in kriegerische Auseinandersetzungen hineingezogen.

Der schwedische König Gustav IV. Adolf zog in Schwedisch-Pommern 8000 Soldaten zusammen. Unterstützung erhielt er durch 20000 Mann russischer Truppen, die auf Rügen und bei Greifswald landeten. An ihrer Spitze zog der schwedische König Richtung Westen. Verstärkung erhielt er weiterhin durch englische Truppen, operierte aber in Norddeutschland mit wenig Initiative. Nach der vernichtenden Niederlage der russisch-österreichischen Truppen in der Schlacht bei Austerlitz am 2. Dezember 1805 wurde Frieden geschlossen. Die Engländer segelten, die Russen marschierten davon, und die Schweden zogen sich nach Vorpommern zurück. Es folgte eine kurze Atempause, in der sich Frankreich und seine Gegner auf den nächsten Krieg vorbereiteten.

Im folgenden Jahr trat Preußen dem Bündnis gegen Frankreich bei. In der Doppelschlacht von Jena und Auerstedt am 14. Oktober 1806 zerschlugen die Franzosen das marode preußische Heer. Die gut ausgerüstete preußische Festung Stettin kapitulierte am 30. Oktober.

Ende 1806 lagen in den vier pommerschen Seehäfen Stralsund, Greifswald, Wolgast und Barth die Schiffe dicht an dicht. Niemand konnte voraussagen, wie sich der Krieg gegen Frankreich weiter entwickeln würde. Um die Schiffe dem französischen Zugriff zu entziehen, wurden sie in der Wamper Wiek bei der Halbinsel Drigge im Strelasund und in der Lankener Bek (Teil der Having) im nördlichen Greifswalder Bodden konzentriert. Hier glaubten die Schweden ihnen den besten Schutz geben zu können. Selbst, wenn sie sich vom Festland zurückziehen müßten, wollten sie keinesfalls die Insel Rügen aufgeben.

Am 21. November 1806 verhängte Frankreich über die britischen Inseln den Blockadezustand. Der Handel mit englischen Waren war damit im französischen Machtbereich strengstens verboten. Englische Waren wurden zur „guten Prise“ erklärt und beschlagnahmt. Noch war Schweden britischer Verbündeter, und alle Einschränkungen galten folglich auch für Schwedisch-Pommern. Frankreich duldete keinen Widerspruch.

Am 28. Januar 1807 rückten französische Truppen über Anklam und Loitz in Schwedisch-Pommern ein. Die Schweden zogen sich in die Festung Stralsund zurück und wurden eingeschlossen. Der Handel und die Schiffahrt kamen zum Erliegen. Der Mangel an Quartieren war so groß, daß auch die

Kirchen als Truppenunterkünfte, als Lazarette und Depots genutzt werden mußten. Das änderte sich erst, als die Franzosen die sich tapfer verteidigende preußische Festung Kolberg einnehmen wollten. Sie verlegten einen Teil der Belagerungstruppen von Stralsund nach Kolberg. Die Schweden nutzten diese Gelegenheit und vertrieben die französischen Truppen 1807 aus Schwedisch-Pommern.

Frankreich bereitete sich indessen auf die Entscheidungsschlacht gegen Preußen und Rußland vor. In seinem Hinterland brauchte es Ruhe. Am 19. April 1807 schlossen Frankreich und Schweden einen Waffenstillstand ab.

Inzwischen suchten immer mehr preußische Soldaten in Schwedisch-Pommern Schutz vor der französischen Gefangenschaft. In Stralsund versammelte sich ein buntscheckiger Haufen. Blücher kam am 29. Mai 1807 nach Stralsund und formierte die preußischen Truppen. Mitte Juni 1807 zählten sie bereits 7000 Mann.

Durch den Tilsiter Frieden vom 9. Juli 1807 schieden Preußen und Rußland aus der antifranzösischen Koalition aus, und die preußischen Soldaten mußten Schwedisch-Pommern verlassen. Der Stralsunder Bürgermeister und der Senat bedrängten die Schweden, sich kampflos aus der Stadt zurückzuziehen, denn sie befürchteten schwere Zerstörungen durch französische Angriffe. Viele Frauen und Kinder waren schon nach Rügen geflohen. Die Schweden,

Karronade. Marinemuseum Dänholm

von ihren Verbündeten in Stich gelassen, zogen sich nach Rügen zurück. Am 19. August 1807 schenkten sie der Stadt die gesamten Festungsanlagen und das Terrain, auf dem diese sich befanden.

Am Tag darauf rückten die Franzosen kampflos in Stralsund ein. Die Schweden behielten weiterhin die Insel Dänholm besetzt. Von hier und von einem Kanonenboot aus beschossen sie die Befestigungsanlagen in der Frankenvorstadt. Die Franzosen schossen zurück. Bei dem Artillerieduell trafen sie das Hauptmunitionsmagazin auf dem Dänholm, das mit einem gewaltigen Getöse in die Luft flog.

In der Nacht vom 23. zum 24. August 1807, es war eine Gewitternacht, setzten etwa 5000 Franzosen über den Ziegelgraben zur Insel Dänholm über, nahmen die Sternschanze ein und drängten die Schweden zu den beiden am südlichen Ufer gelegenen Schanzen ab. Allzu großen Widerstand konnten sie nicht leisten, denn nach der Vernichtung des Munitionslagers besaßen sie nur noch drei Schuß für jede Kanone. Ein Teil der im schwedischen Dienst stehenden Deutschen lief zu den Franzosen über. Am 25. August1807 kapitulierten die verbliebenen 500 Mann, die als Kriegsgefangene in die Nikolaikirche von Stralsund gesperrt wurden. Die Gefangenen müssen sich in einem schlimmen Zustand befunden haben, denn die Stralsunder Bürger spendeten Lebensmittel und Bekleidung.

Ende August 1807 beschleunigten die Franzosen ihre Vorbereitungen für das Übersetzen nach Rügen. Die Gewässer um Rügen beherrschten die Schweden und Engländer, die über See kein französisches Schiff durchließen. Deshalb requirierten die Franzosen in Schwedisch-Pommern Ruderboote und brachten sie auf Fuhrwerken nach Stralsund. Allein durch Greifswald wurden vom 2. bis zum 4. September 1807 über 200 Boote und Flußkähne transportiert. Die Stralsunder hatten inzwischen 2000 Riemen (Ruder) anzufertigen, Boote instandzusetzen, Tauwerk und Segel bereitzustellen, ein Wachschiff auszurüsten und Flöße zum Übersetzen von Pferden und Wagen zu bauen.

Nach und nach räumten die Schweden Rügen. Ende September 1807 erlaubte der französische Generalgouverneur den Fischern wieder das Auslaufen. Allerdings durften sie nur im Strelasund, im Gewässer zwischen Hiddensee und Rügen sowie im Jasmunder Bodden fischen. An- und Abmelden war Pflicht. Vor dem Auslaufen hatten die Fischer den Eid auf den französischen Kaiser zu leisten und zu schwören, daß ihre Boote nicht gegen die französische Armee eingesetzt würden. Es war bestimmt nicht Mitleid mit den Einheimischen und den Fischern, das die Franzosen zu diesem Schritt bewog. Auch auf ihren Tischen fehlte der Frischfisch.

Mittlerweile galt die Kontinentalsperre auch für Schwedisch-Pommern. Die Kaufleute hatten alle englischen Waren zu melden. Dazu gehörten Farben, Zinn, Blei, verzinntes Blech, Eisen, Schleifsteine, Steinkohle, Messer,

Steinzeug, Salz, Bier, Kaffee, Zucker, Gewürze, Knöpfe, Damast, Manchester und andere Tuche. Da die Kaufleute diesen Anweisungen recht zögerlich nachkamen, waren Requisitionen die Folge.

Im Frühjahr 1808 wurde bekannt, daß die Franzosen von Stralsund und Rügen aus eine Landung in Schonen (Südschweden) planten. Dafür verlangten sie eine Auflistung aller Schiffe, die in Greifswald, Barth, Wolgast und Stralsund vor Anker lagen. Allein in Stralsund waren es über 70. Die Franzosen beschlagnahmten sie und forderten von den Reedern, ihre Fahrzeuge so aufzutakeln, auszurüsten und zu bemannen, daß sie zu jeder Zeit auslaufen konnten. Proviant war für drei Monate an Bord zu nehmen. Dies alles hatte auf Kosten der Reeder zu geschehen. Monate gingen ins Land. Ende Oktober/Anfang November 1808 verließen die meisten Truppen Frankreichs und die seiner Verbündeten Schwedisch-Pommern. Napoleon sah sich gezwungen, mit seinen Hauptkräften nach Spanien zu ziehen. Das spanische Volk hatte sich gegen die französische Fremdherrschaft erhoben. Die Landung auf Schonen wurde aufgegeben.

Nach ihrem Abzug befürchteten die Franzosen, daß die Engländer wieder auf Rügen landen und sich in der Festung Stralsund festsetzen könnten. Deshalb erteilte Napoleon am 1. November 1808 den Befehl, die Festungsanlagen von Stralsund zu schleifen und das Wasser aus den Teichen abzulassen bzw. sie zuzuschütten. Mit den Erdarbeiten mußte unverzüglich begonnen werden. Anfangs waren täglich 2000 Arbeiter aus der Stadt und der Umgebung eingesetzt. Als die Arbeiten nicht schnell genug vorankamen, wurden alle Männer zwischen dem 18. und 56. Lebensjahr zum Arbeitsdienst verpflichtet. Zeitweilig arbeiteten bis zu 6000 Männer auf den Wällen. Bis zum Frühjahr 1809 war die Hauptarbeit geleistet. Allerdings zogen sich die Restarbeiten noch bis zum Juli 1809 hin. Die Stralsunder konnten verhindern, daß die Teiche zugeschüttet wurden. Andernfalls wäre die gesamte Wasserversorgung zusammengebrochen. Noch holten die Bewohner einen Großteil des Trinkwassers aus den Teichen rings um den Stadtkern.

Im Frühjahr 1809 besaß Stralsund nur eine schwache Garnison. Mecklenburgische Infanterie und polnische Jäger lagen in der Stadt. Das nutzte Schill mit seinem Freikorps. Sein wagemutiger Zug durch Norddeutschland sollte das Fanal für eine Volkserhebung gegen die napoleonische Fremdherrschaft sein. Am 25. Mai 1809 rückte er mit seiner Schar in Stralsund ein, nahm die Garnison gefangen und ergriff im Namen des schwedischen Königs Besitz von der Stadt.

Ferdinand von Schill.
Denkmal beim Olof-Palme-Platz

Beschleunigt ließ Schill die Festungswerke wieder notdürftig instandsetzen. Bis zu 1000 Mann arbeiteten täglich daran. Er rief die Landwehr zu den Waffen. Groß war die Begeisterung der Männer aus Pommern und von Rügen nicht. Zu aussichtslos war die Lage des Schillschen Freikorps in der demolierten Festung. Holländische und dänische Truppen drangen am 31. Mai 1809 in Stralsund ein. Schill konnte sich mit seinen Getreuen nur noch mit dem Rücken zum Meer verteidigen. In erbitterten Straßenkämpfen fiel er, und sein Freikorps wurde besiegt.

In den folgenden Monaten verbesserten sich die Beziehungen zwischen Frankreich und Schweden. Im Juli 1809 nahmen die Postjachten zwischen dem schwedischen Ystad und Stralsund den regulären Dienst wieder auf. Die Truppen, die das Freikorps Schill niedergeschlagen hatten, verließen im August 1809 wieder Schwedisch-Pommern. Mecklenburgische Infanterie und polnische Jäger zu Pferde gingen wieder in Stralsund in Garnison.

Fast ein halbes Jahr später, am 6. Januar 1810, schlossen Frankreich und Schweden Frieden. Schweden erhielt Rügen und seine ehemaligen Gebiete in Pommern zurück. Die Franzosen schonten die Schweden. Vielleicht brauchten sie die skandinavische Macht noch einmal, möglicherweise im Krieg gegen Rußland. Die letzten Besatzungssoldaten, es waren mecklenburgische, verließen am 13. März 1810 Stralsund. Dafür kamen die beiden vorher in Schwedisch-Pommern stationierten Regimenter, das Leibregiment der Königin und das Regiment von Engelbrechten, in ihre Heimat zurück.

Obwohl sich Schweden der Kontinentalsperre angeschlossen hatte, blühte auf Rügen und in Schwedisch-Pommern der Schleichhandel. Zahlreiche englische Schiffe, als amerikanische getarnt, und selbst nordamerikanische, entluden große Mengen Kolonialwaren an der Ostseeküste. In Stralsund und in den anderen Seestädten Schwedisch-Pommerns wurden sie auf Fuhrwerke verladen und ins Innere Deutschlands befördert. Es soll ein gewaltiges Leben und Treiben in diesen Jahren geherrscht haben. Viel Geld kam dadurch in die Provinz. Die Franzosen sahen diesem Treiben nicht tatenlos zu. Die Lücke in der Kontinentalsperre mußte schnellstens geschlossen werden.

„Aus lauter Freundschaft“, wie es hieß, rückten die Franzosen am 27. Januar 1812 mit einem Korps von 20000 Mann in Schwedisch-Pommern ein. Sie wollten nach den Aussagen des Divisionsgenerals Friant nur überprüfen, welche Mengen an Kolonialwaren sich im Lande befänden und nach etwa zwei Wochen wieder abziehen. Anfangs ging alles recht friedlich zu. Schweden und Franzosen stellten gemeinsam die Wachen. Doch schon am 2. Februar 1812 belegten die Franzosen die im Hafen Stralsund liegenden Schiffe mit einem Embargo. Die Zolljacht und die beiden Postjachten nahmen die Franzosen mit Gewalt, weil der schwedische Befehlshaber die Übergabe verboten hatte, und hißten auf den Jachten die französische Flagge. Erst nach einem schwedischen Protest wurden am 13. Februar 1812 die französischen Flaggentücher wieder niedergeholt. Dafür stellten die Franzosen alle in den pommerschen Häfen liegenden Schiffe unter Embargo, ließen sie abtakeln und die Masten niederlegen.

Die Franzosen wurden immer aggressiver. Sie entwaffneten die schwedischen Truppen und lösten das Leibregiment der Königin, das Regiment von Engelbrechten und die Landsturmformationen auf. Die in Schwedisch-Pommern beheimateten Leute durften nach Hause zurückkehren. Die übrigen Offiziere und Soldaten mußten in die Gefangenschaft nach Frankreich.

Aber so richtig sicher fühlten sich die Franzosen in der demolierten Festung Stralsund nicht. Deshalb planten sie, rings um die Festung fünf neue Forts anzulegen. Mit dem Bau des ersten wurde Ende März 1812 bei Prosnitz/Rügen an der wichtigsten Zufahrt zum Hafen Stralsund begonnen. Zeitweilig waren täglich bis zu 2000 Arbeiter im Einsatz. Wälle wurden aufgeschüttet, Gräben angelegt und ein Blockhaus im Inneren des Forts gebaut. Nach vier Monaten waren die Arbeiten vollendet. Zum Bau weiterer Forts kam es nicht.

Nach der vernichtenden Niederlage der französischen Truppen in Rußland bildete sich eine starke antifranzösische Koalition heraus, der Preußen und Schweden angehörten. Anfang März 1813 deutete sich der baldige Abzug der französischen Truppen aus Schwedisch-Pommern an. Die Franzosen boten der Stadt Stralsund den Verkauf der im Hafen liegenden zehn bewaffneten Schiffe an. Dazu gehörten auch die Postjachten. Falls die Stadt nicht auf das Angebot eingehen würde, wollten die Franzosen das Pulver ins Meer schütten, die Kanonen mitnehmen und die Schiffe versenken. Kurz entschlossen zahlte die Stadt die geforderte Summe und kam so in den Besitz einer kleinen Kriegsflotte.

Am 9. März 1813 verließen die französischen Truppen Stralsund, und die Bürgerwehren übernahmen die Wachen in der Stadt, bis die schwedischen Truppen wieder in Pommern einrückten. Am 11. März 1813 begann die Neuaufstellung der schwedischen Regimenter Leibregiment der Königin und Regiment von Engelbrechten. Um die Verteidigungsfähigkeit Schwedisch-Pommerns recht schnell wieder herzustellen, wurde am 31. März 1813 eine schwedisch-pommersche Landwehr gebildet. Grundsätzlich waren alle männlichen Einwohner zum Dienst in der Landwehr verpflichtet. Nur die Matrosen und Seeleute, die vor dem 1. April 1813 auf Schiffen angemustert hatten, waren davon befreit. Am 7. April 1813 wurde zur Formierung einer Schwedisch-pommerschen Legion aus Freiwilligen aufgerufen. Sie bestand aus einer schwedisch-pommerschen Division zu Pferde und einer schwedisch-pommerschen Division zu Fuß.

Nach der Völkerschlacht bei Leipzig zog der schwedische König Karl Johann nach Norden. Der Sieg über seinen westlichen Nachbarn und Kontrahenten Dänemark war ihm wichtiger als der Kampf gegen Frankreich. In der Nacht vom 14. zum 15. Januar 1814 unterzeichnete Dänemark im Hauptquartier der Schweden in Kiel den Friedensvertrag. Danach fielen Norwegen an Schweden und Schwedisch-Pommern an Dänemark. Norwegen erkannte den Vertrag nicht an. Preußen erhob Anspruch auf Schwedisch-Pommern. Die förmliche Übergabe von Schwedisch-Pommern an Dänemark fand nicht statt.

Während Schweden seinen Anspruch auf Norwegen mit militärischer Gewalt durchsetzte, verließ sich Preußen auf sein diplomatisches Geschick und seinen Anteil an der Zerschlagung der französischen Truppen. Im Friedenstraktat mit Dänemark vom 25. August 1814 sicherte sich Preußen den Anspruch auf Schwedisch-Pommern einschließlich der Insel Rügen. Mit Schweden vereinbarte Preußen die Übergabe am 7. Juni 1815.

Am 19. September 1815 unterzeichnete der preußische König das *Patent wegen Besitzergreifung des mit der Monarchie vereinigten Herzogtums Pommerns und Fürstentums Rügen.* Am 23. Oktober 1815 wurden die in den schwedisch-pommerschen Regimentern dienenden deutschen Soldaten in Stralsund auf einem Appell vor dem Kniepertor vom Eid auf den schwedischen König entbunden und anschließend auf den preußischen König vereidigt. Der schwedische Generalleutnant Freiherr Boye dankte beiden Regimentern mit den Worten: „Schweden wird Ihnen für die bei der Verteidigung desselben bewiesene Tapferkeit ewig dankbar sein.“

Die Heilgeistkirche.
Zeitweilig war sie die Garnisonskirche

Nach der Übernahme der beiden ehemaligen schwedischen Regimenter verfügte der preußische König Friedrich Wilhelm III., daß sie nicht aufzulösen seien. Offiziere und Soldaten, die nicht gebürtige Pommern waren, konnten im schwedischen Dienst verbleiben oder in preußische Dienste übertreten. Von 90 Offizieren traten 45 in preußische Dienste über. Generalleutnant von Engelbrechten, der eines der beiden schwedischen Regimenter jahrelang kommandiert und am 23. Oktober 1815 als erster den Eid auf den preußischen König geleistet hatte, erhielt am 30. Dezember 1815 den Befehl, aus beiden ehemaligen schwedischen Regimentern ein preußisches Infanterieregiment zu formieren.

Anfang 1816 war das neue Regiment aufgestellt. Es erhielt den Namen Königlich Preußisches 33. Infanterie-Regiment von Engelbrechten. Die Bezeichnung eines Regiments durch den Namen des Regimentskommandeurs zu vervollständigen, war zu dieser Zeit in Preußen nicht mehr üblich. Daß es in diesem besonderen Fall trotzdem geschah, war für den General und die in preußische Dienste übernommenen deutschen Soldaten eine hohe Ehre und Ausdruck der großen Loyalität Preußens. Das Regiment wurde im gleichen Jahr nach Stettin und anschließend nach Liegnitz und Glogau verlegt. In der Festung Stralsund lag 1820 ein Bataillon des 2. Infanterieregiments (1. Pommersches).

Inzwischen war aus den im 33. Infanterieregiment zusammengefaßten Kompanien des ehemaligen schwedischen Leibregiments der Königin ein neues preußisches Infanterieregiment, das 34. Infanterie-(2. Reserve-) Regiment aufgestellt worden. Der Stab und das I. Bataillon verlegten 1820 nach Stralsund. Hier stellte das Regiment bis zum 29. Mai 1833 die Garnisonstruppen. Zur Regimentsgeschichte gehören 1860 die Umbildung zum Füsilierregiment und 1908 die Verleihung des Traditionsnamens Füsilier-Regiment Königin Viktoria von Schweden (Pommersches) Nr. 34.

1833 bezog das Füsilierbataillon des 2. Infanterieregiments (1. Pommersches) Stralsund als Garnison. Das Regiment führte ab dem 20. Juni 1840 die Bezeichnung 2. Infanterie-(Königs-)Regiment. Im Jahre 1847 wurde es durch das 3. Kombinierte Reserve-Bataillon abgelöst.

Nachdem Preußen Stralsund übernommen hatte, verlegten drei Fußkompanien der Brandenburgischen Artillerie-Brigade in die Stadt. Bis Mitte des 19. Jahrhunderts lag dann die 3. Abteilung der 2. Artillerie-Brigade (Pommersche), in der Regel mit einer reitenden Kompanie und drei Fußkompanien, in der Festung. Die 2. Pionier-Abteilung (Pommersche) stellte ein Detachement mit wechselnder Stärke.

Parallel zur Formierung der Truppenteile und Einheiten wurden auch die Führungs- und Verwaltungsorgane der Festung Stralsund aufgebaut. Dazu gehörten die Kommandantur, die Fortifikation, das Garnisonslazarett, die Magazine, das Artilleriedepot, eine Militär-Straf-Section und die Garnisonsverwaltung.

Das durch die Schweden der Stadt und Privatpersonen geschenkte Festungsterrain ging in den Besitz des preußischen Militärfiskus über. Es begann der Neuaufbau der Befestigungsanlagen, doch jetzt nach dem Neupreußischen Festungssystem. Rings um den Stadtkern und entlang der Seefront entstanden mächtige Erdwälle mit eingebauten Werken. Das Knieper-, das Tribseer- und das Frankentor erhielten vorgelagerte Werke. Den Schutz der Liegeplätze im Hafen übernahm eine Bastion, auf deren Fundament 1903/04 die „Alte Lotsenwache" errichtet wurde. Auf der Insel Dänholm entstand die Sternschanze neu. Den Übergang zur Insel Dänholm deckte die Brückenschanze. Südlich davon, auf der Schwarzen Kuppe, wurde ein neues Werk errichtet. Die Arbeiten zogen sich über Jahrzehnte hin. Viele Menschen fanden beim Ausbau der Festungsanlagen Lohn und Brot. Doch der Festungscharakter schränkte den Ausbau des Hafens und die Bebauung der Vorstädte erheblich ein. Und für heutige Verhältnisse erscheint es erstaunlich, daß noch vor 150 Jahren nachts die Stralsunder Stadttore verschlossen wurden.

Mit dem Vertrag vom 7. Juni 1815, der die Übergabe von Schwedisch-Pommern und Rügen an Preußen festschrieb, erwarb Preußen sechs Kanonierschaluppen. Schweden hatte solche Fahrzeuge in den Jahren zuvor in Stralsund stationiert. Auf der Halbinsel Darß, die für ihre ausgezeichneten Seeleute bekannt war, bestand zeitweilig ein Marine-Corps. Es hatte die Stralsunder Kanonierschaluppen zu besetzen.

Der schwedische Marineleutnant 1. Klasse Diedrich Johann Longé überführte die Kanonierschaluppen nach Stralsund. In den Gewässern um Rügen sollten sie die Verteidigung Stralsunds verstärken.

Bei den sechs Kanonierschaluppen (auch als Galeeren bezeichnet) handelte es sich um offene Boote, die bei der Überfahrt gesegelt und im Gefecht gerudert wurden. An jedem der 30 Riemen saßen zwei Matrosen. Vorn und achtern befanden sich je eine 24pfündige Kanone und zwei dreipfündige Drehbassen.

Als der 36jährige Longé in Stralsund die Kanonierschaluppen übergab, hatte er bereits ein bewegtes Leben in der schwedischen und englischen Marine hinter sich. Dazu gehörten auch einige Jahre Dienst in Schwedisch-Pommern und auf Rügen. In Stralsund erhielt Longé 1815 Kontakt zum Generalleutnant von Engelbrechten. Der riet ihm, in preußische Dienste überzutreten und beim Aufbau einer preußischen Marine mitzuwirken. Longé ließ sich vom Dienst in der schwedischen Marine beurlauben; am 2. April 1816 bestätigte der preußische König seinen Übertritt in preußische Dienste. Longé war

bis zu seiner Pensionierung 1846 der höchste preußische Marineoffizier und maßgeblich an allen in Preußen zu klärenden Marineangelegenheiten beteiligt. Mehrere Jahrzehnte wohnte er in Stralsund, ehelichte eine Kaufmannstochter und fand auf dem St.-Jürgen-Kirchhof seine letzte Ruhestätte.

Um sich vom Zustand der Kanonierschaluppen zu überzeugen, ließ der Stralsunder Festungskommandant die Fahrzeuge aufschlippen und begutachten. Das Ergebnis war niederschmetternd. Es gab an allen schwere Mängel am Bootskörper, am stehenden und laufenden Gut, an den Segeln und an der Bewaffnung. Die Schaluppe Nr. 51 befand sich in einem solch schlechten Zustand, daß sich eine Generalinstandsetzung nicht mehr lohnte. Sie wurde im März 1817 auf Abbruch (als Feuerholz) verkauft.

Die verbliebenen fünf Kanonierschaluppen wurden nicht einsatzklar gemacht. Nach zwei Jahren fand eine erneute Besichtigung der Fahrzeuge statt. Im Stralsunder Kronhafen lagen zwei Schaluppen auf Grund, die anderen drei mußten täglich gelenzt werden, um sie über Wasser halten zu können. Da sich eine Reparatur nicht mehr lohnte, kamen die Schaluppen am 10. Februar 1820 unter den Hammer.

Longé setzte sich energisch für den Neubau von Kriegsfahrzeugen ein. Die Zielrichtung für den Aufbau einer preußischen Marine bestand im Folgenden: Es werden auf einheimischen Werften verschiedenartige Schiffstypen gebaut und anschließend erprobt. Im Falle einer Bedrohung oder eines Krieges werden die einzelnen Typen in größeren Stückzahlen gebaut.

Als erstes Schiff entstand auf dem Werftplatz des Stralsunder Schiffbaumeisters Joachim Jacob Meyer eine gedeckte Kanonierschaluppe. Unter dem Einfluß Longés wurden während des Baus etliche Veränderungen vorgenommen. Das Fahrzeug wurde am 12. Februar 1817 als Kriegsschoner STRALSUND fertiggestellt. Bevor Longé mit diesem Kriegsschiff auf Probefahrt gehen konnte, mußten grundsätzliche Dinge geregelt werden, denn es gab eigentlich noch keine Marine in Preußen. Das betraf z. B. das Aussehen der preußischen Kriegsflagge und das der Marineuniformen, das Dienstreglement auf einem Kriegsschiff und die Verpflegung der Besatzung.

Als Kriegsflagge bestätigte der preußische König am 28. November 1816 eine weiße Flagge mit dem schwarzen Preußen-Adler in der Mitte in gerader Stellung und in der seit 1701 gebräuchlichen Darstellung sowie mit dem Eisernen Kreuz am stehenden Liek in der oberen Hälfte. Sie ging als „Stralsund-Flagge“ in die Geschichte ein.

Am 9. Januar 1817 wurden der Königliche Titel und das Wappen neu festgelegt, darum mußte die preußische Kriegsflagge verändert werden. Der

Seiten 50/51: Der ehemalige Kronhafen in der Kron-Lastadie-Bastion. Standort des ersten preußischen Marinedepots

Adler erhielt eine neue Gestalt und die Flagge die Form eines Doppelstanders. Von geringen Korrekturen abgesehen, wurde diese Flagge bis zur Bildung der Kriegsmarine des Norddeutschen Bundes geführt.

Da es im eigentlichen Sinne noch keine „stehende" Marine gab, wurden Matrosen von Handelsschiffen für die Probefahrt des Kriegsschoners STRALSUND angeheuert, die Seesoldaten stellte die Festung Stralsund. Dieses System blieb auch in den folgenden Jahren gültig. Selbst für die Wartung der Kriegsfahrzeuge mußten Seeleute zeitweilig unter Vertrag genommen werden.

Die Probefahrt fand vom 20. Mai bis zum 16. Juni 1817 in der mittleren und östlichen Ostsee bei zeitweise schwierigen Witterungsbedingungen statt. Sie bestätigte: Der Kriegsschoner STRALSUND eignete sich sowohl für die Küstenverteidigung als auch für den Einsatz in den der Küste vorgelagerten Gewässern.

Im Sommer darauf stand der Kriegsschoner STRALSUND der Königlichen (staatlichen) Navigationsschule in Danzig zur Verfügung. Zukünftige Steuerleute unternahmen unter ihrem Direktor Tobiesen eine Ausbildungsreise in der Ostsee. Damit war die STRALSUND nicht nur der erste preußische Kriegsschiffneubau des 19. Jahrhunderts, sondern auch das erste deutsche Schulschiff.

Als im Sommer 1818 auf der Weichsel, in der Nähe der preußischen Festung Thorn, russische Kanonenboote manövrierten, fühlte sich Preußen an einer sensiblen Stelle bedroht. Das preußische Kriegsministerium verlangte von den Fachleuten in Stralsund einen Bauplan für ein dampfgetriebenes Flußkanonenboot. Den legten der Ingenieuroffizier Gaede und der Stralsunder Schiffbaumeister J. J. Meyer am 7. September 1818 vor. Der hölzerne Schiffskörper sollte in Preußen gebaut, die Dampfmaschine und die Schaufelräder aus England importiert werden. Longé zweifelte in seinem Gutachten die technische Zuverlässigkeit der Dampfantriebsanlage an. Es sollten aber fast 40 Jahre vergehen, ehe sich Preußen dem Dampfantrieb für Kriegsschiffe zuwandte.

Einige Jahre später kam es zum Bau weiterer Kriegsfahrzeuge in Preußen. In Danzig bauten die Schiffbaumeister J. J. Klawitter und B. B. Grott 1823 das Flußkanonenboot THORN. In Stralsund entstanden unter Leitung der Schiffbaumeister Meyer (Vater und Sohn) das Haffkanonenboot DANZIG und die Flußkanonenboote Nr. 1 und Nr. 2.

Große Probleme bereitete vor allem die Stationierung der Kriegsfahrzeuge. Die STRALSUND und die DANZIG lagen inzwischen in Danzig und die THORN in Berlin, doch im Süßwasser verkamen die Schiffskörper. Deshalb bestimmte der preußische Kriegsminister am 3. Februar 1827 die Hafenstadt und Festung Stralsund zum ständigen Stationierungs- und Ausrüstungsort der preus-

Preußische Kriegsflagge. 1850-1867

sischen Kriegsfahrzeuge an der Ostseeküste. Hier lagen die Fahrzeuge im salzhaltigen Wasser. Die meisten von ihnen waren in Stralsund gebaut worden. Fachleute für die Instandhaltung standen zur Verfügung. Nur der verschlammte Kronhafen, der Liegeplatz der preußischen Kriegsfahrzeuge, war immer noch nicht gebaggert worden. Und täglich spülten die Abwässer der Stadt neuen Unrat in das Hafenbecken.

Trotzdem wurden der Kriegsschoner STRALSUND und die Kanonenboote DANZIG und THORN nach Stralsund verlegt. Das Allgemeine Kriegsdepartement, das im preußischen Kriegsministerium für die Marineangelegenheiten zuständig war, wies am 17. August 1827 die Bildung eines Marinedepots in Stralsund an. Dieses hatte alle Fahrzeuge und Materialien der „bewaffneten Marine" zu übernehmen, zu verwahren und ordentlich zu verwalten. Das Marinedepot war dem Festungskommandanten unterstellt, erster Vorsteher war der Marine-Major Longé, sein Rechnungsführer der Premier-Lieutenant Murck.

Im Sommer 1828 verlegten die THORN und das Flußkanonenboot Nr. 2 zur Festung Thorn. Die dringend notwendige Generalinstandsetzung des Kriegsschoners STRALSUND aber unterblieb. Am 8. November 1829 wurde das Schiff in seiner Heimatstadt auf Abbruch versteigert. Die DANZIG wurde 1831 zur

Kriegsschoner STRALSUND. *Marinemuseum Dänholm*

Abwehr der Cholera als Wachschiff bei der Seequarantäneanstalt am Reddevitzer Höft/Rügen, bei der Insel Ruden, im Stettiner Haff und in Wolgast noch einmal eingesetzt.

Nach Longés Pensionierung 1846, übernahm der Artillerieoffizier der Festung Stralsund, dem das Artilleridepot unterstellt war, zusätzlich das Marinedepot. Damit endete die Anfangsperiode der Königlich Preußischen Marine. In diesen Jahren entstanden Flottenpläne, neue Kriegsfahrzeuge wurden gebaut und erprobt, und es war vor allem Longé, der sich an der allgemeinen Entwicklung der Seefahrt in Preußen beteiligte. Er testete das Leuchtfeuer am Kap Arkona vor seiner Indienststellung, beteiligte sich an der Seevermessung der preußischen Küste, übersetzte verschiedene nautische Veröffentlichungen und entwickelte und erprobte Seenotrettungsmittel.

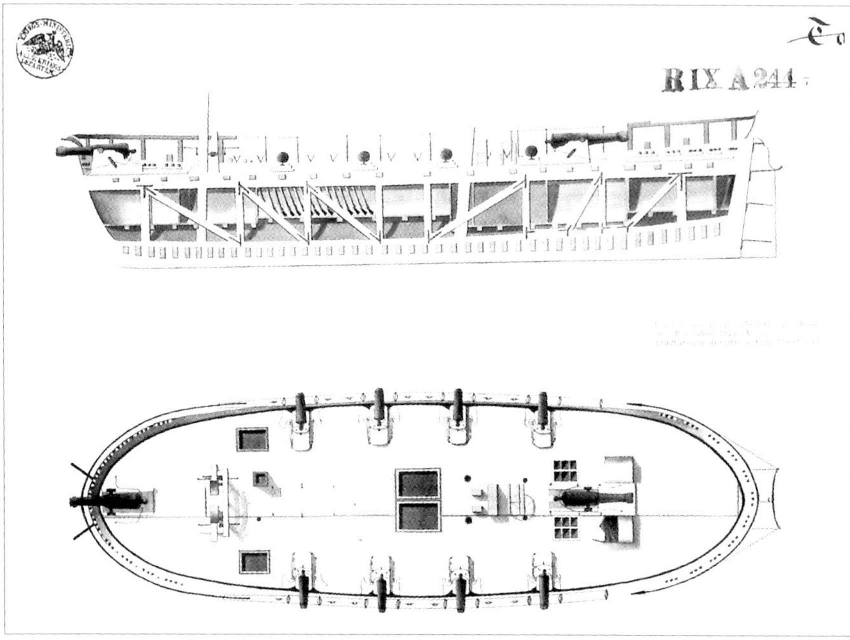

Kriegsschoner STRALSUND*. Risse. Marinemuseum Dänholm*

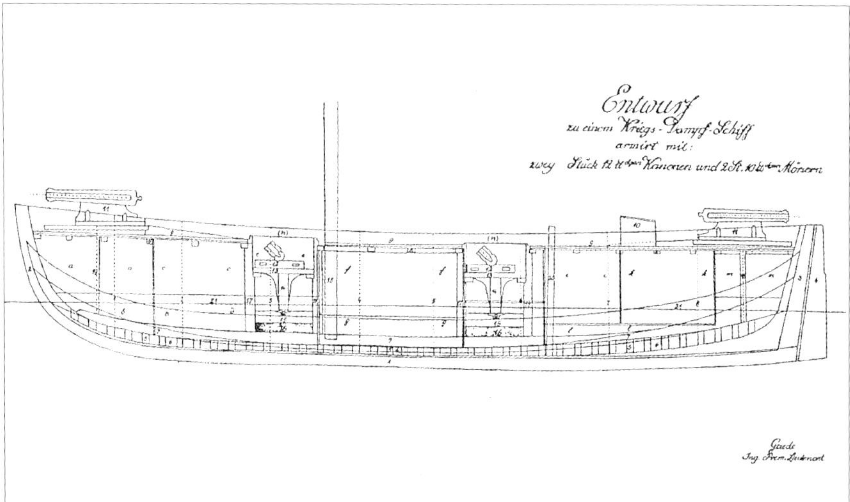

Entwurf des preußischen Dampfkanonenbootes von 1818.
Marinemuseum Dänholm

Die praktische Ausbildung der zukünftigen Steuerleute gehörte von Anfang an zum Lehrkonzept der preußischen Navigationsschulen. Nach dem Vorbild anderer Länder traten die Navigationslehrer immer wieder für die Anschaffung eines staatlichen Schulschiffes ein. Erst im Mai 1841 wurde für ein solches Schiff auf der Werft des Schiffbaumeisters Carmesin in Grabow bei Stettin der Kiel gestreckt. Der Schiffbaumeister Carl Elbertzhagen, der die Schiffbauschule in Grabow leitete, hatte es entworfen und die Bauaufsicht übernommen. Am 24. Juni 1843 lief das Schiff vom Stapel und erhielt den Namen AMAZONE. Später nannten die Seeleute das Schiff liebevoll „Großmutter der deutschen Flotte".

Die Kriegskorvette AMAZONE fuhr unter preußischer Kriegsflagge, war aber wie die Navigationsschulen dem Finanzministerium unterstellt. Die Besatzung trug Marineuniform. Die Teilnahme an den Reisen galt als Wehrdienst. Das Kommando an Bord hatte der Königlich Preußische Navigations-Direktor, der die Aufsicht über alle preußischen Navigationsschulen ausübte und in Personalunion die Navigationsschule in Danzig leitete.

Von 1844-1847 unternahm die AMAZONE Ausbildungsreisen ins Mittelmeer und nach New York. Kurz vor ihrem Auslaufen zur amerikanischen Ostküste am 31. Mai 1847 wurden der I. Offizier Jachmann, der II. Offizier Schirmacher und der III. Offizier Herrmann als Marineoffiziere in das stehende preußische Heer übernommen und zum Seconde-Lieutenant von der Marine mit dem Rang eines Premier-Lieutenants in der Armee befördert. Damit hatte Preußen wieder Marineoffiziere. Nur der Kommandant der AMAZONE, der Navigations-Direktor und holländische Kapitänleutnant Jan Schröder, trug noch keinen preußischen Dienstgrad, denn Preußen hatte die Geburtswehen beim Entstehen seiner Marine noch immer nicht hinter sich gebracht.

In der Mitte des 19. Jahrhunderts bildete sich für Stralsund eine neue Lage heraus. Von 1720-1815 war die Hafenstadt und Festung das wichtigste schwedische Einfallstor nach Zentraleuropa gewesen. Doch nach dem Übergang an Preußen sah sich Stralsund der unerbittlichen Konkurrenz von Stettin ausgesetzt.

Stettin war das administrative, ökonomische und militärische Zentrum Pommerns. Seine Werftindustrie und der Seehandel erlebten einen stürmischen Aufschwung. Der Hafen Swinemünde wurde mit großen staatlichen Aufwendungen ausgebaut. Umfangreiche Baggerungen in der Swine und im Stettiner Haff gehörten zum langfristigen Ausbau eines Großschiffahrtsweges bis nach Berlin. 1843 wurde die Eisenbahnlinie Berlin-Stettin in Betrieb genommen. Stralsund geriet in eine Abseitsstellung. Um daraus wieder herauszukommen, verlangten in die Zukunft denkende Stralsunder Bürger die Ausbaggerung der Fahrwasser, die Stationierung der Marine und den Anschluß an das Eisenbahnnetz.

Die Kanonenschaluppe Strela-Sund

In der Mitte des 19. Jahrhunderts verschärften sich die Widersprüche zwischen dem Deutschen Bund und Dänemark. Der Streit ging vordergründig um die Herzogtümer Schleswig, Holstein und Lauenburg. Am Vorabend der bürgerlich-demokratischen Revolution von 1848 in Deutschland beschloß Dänemark eine neue Verfassung, nach der Schleswig zum dänischen Staat gehören sollte. Mit dieser Politik versuchte Dänemark, seinen Machtbereich auf der jütischen Halbinsel weiter nach Süden, bis zur Eider, auszudehnen.

Die Deutschen in Schleswig und Holstein antworteten darauf mit einer nationalen Erhebung. In Kiel bildete sich am 24. März 1848 eine Provisorische Regierung. Sie proklamierte die Lostrennung Schleswigs von Dänemark, die Bildung Schleswig-Holsteins als selbständigen Staat innerhalb des Deutschen Bundes und die Aufstellung eigener Streitkräfte. Daraufhin rückten dänische Truppen in Schleswig ein. Eine Welle der Sympathie für Schleswig-Holstein überflutete Deutschland. Für die deutschen Patrioten verband sich das Ringen um Demokratie und gesellschaftlichen Fortschritt mit der Abwehr fremder Einmischung in die innerdeutschen Verhältnisse, so der Kampf gegen die dänische Expansion und die Zurückweisung der russischen Forderungen nach Erhalt der monarchistischen Machtstrukturen. Aus allen Teilen Deutschlands zogen Freiwillige nach Schleswig-Holstein, um den Einwohnern im Abwehrkampf beizustehen.

Der Deutsche Bundestag in Frankfurt/M. beschloß Hilfsmaßnahmen für die in Schleswig-Holstein lebende deutsche Bevölkerung und übertrug Preußen die Durchsetzung der Beschlüsse, notfalls mit militärischer Gewalt. Preußen bereitete sich auf den Einmarsch in Schleswig vor.

Dänemark, sich seiner absoluten Überlegenheit in der Ost- und Nordsee bewußt, reagierte mit dem Einsatz der Marine. Vor den deutschen Häfen bezogen dänische Kriegsschiffe Position. Am 19. April 1848 wurden alle in dänischen Häfen liegende deutsche Schiffe beschlagnahmt. Die dänische Marine hatte den Befehl, preußische und andere deutsche Handelsschiffe aufzubringen und die preußischen Häfen zu blockieren. Zwei Tage später überschritten deutsche Truppen die Eider und marschierten in Schleswig ein. Der deutsch-dänische Krieg hatte begonnen.

Preußen ließ an seiner Küste die Leuchtfeuer löschen und die Seezeichen auf den Fahrwassern so stark reduzieren, daß fremde Schiffe sie ohne Lotsen nicht passieren konnten. Die Leuchtfeuerwärter und die Lotsen erhielten die

Seiten 58/59: Kasematten in der Sternschanze auf der Insel Dänholm

Die Kanonenschaluppe STRELA-SUND.
Marinemuseum Dänholm

Weisung, in Sicht kommende feindliche Kriegsschiffe sofort an die nächste militärische Kommandostelle zu melden. Vor den größeren preußischen Häfen bezogen Wachschiffe Position. Stralsund stationierte die Küstensegler MARIA und SOPHIA beim Palmer Ort im Greifswalder Bodden und bei Barhöft im westlichen Fahrwasser. Die Garnison Stralsund richtete vom Posthaus Wittow auf der Halbinsel Bug/Rügen und von der Lotsenstation Thiessow auf der Halbinsel Mönchgut/Rügen je eine Telegraphenlinie ein. Die entlang der Fahrwasser stationierten Posten sollten das Eindringen der Dänen in die inneren Gewässer durch Raketensignale ankündigen.

Dänemark beschränkte sich auf die Blockade der Häfen. Landungen auf Rügen, Usedom und Wollin fanden nicht statt. Eine unmittelbare Bedrohung Stralsunds bestand also nicht.

Unter dem Druck der Ereignisse trat unter Leitung des Prinzen Adalbert von Preußen am 28. und 29. April 1848 in Berlin eine Kommission zusammen, die Maßnahmen zur Verteidigung der preußischen Ostseeküste beriet. Die Kommission vertrat den Standpunkt, daß alle einzuleitenden Schritte nicht vordergründig auf die zu erwartenden Angriffe der Dänen ausgerichtet sein sollten. Es sollte „etwas Bleibendes“ geschaffen werden: eine Kriegsmarine.

In den strategischen Lagebetrachtungen charakterisierte die Kommission Rußland als den potentiellen Gegner. Sie leitete diese Einschätzung aus der reaktionären Haltung des Zarenreiches gegenüber allen demokratischen Regungen jener Jahre in Deutschland ab. Außerdem strebte Rußlands danach, seine Grenzen weiter nach dem Westen vorzuschieben und für seine Flotte bessere Handlungsbedingungen zu schaffen. Durch einen russischen Einfall in Ostpreußen und Truppenlandungen auf Wollin, Usedom oder Rügen könnte, so schätzte die Kommission ein, eine ernsthafte Bedrohung der preußischen Ostseeprovinzen entstehen. Die größte Gefahr bestände für Stettin und Swinemünde. Deshalb besäße die Verteidigung der Pommerschen Bucht absoluten Vorrang.

Als Sofortmaßnahme schlug die Kommission den Bau von Kanonenschaluppen und Kanonenjollen vor. Über ihre Konstruktion gab es in der Kommission unterschiedliche Auffassungen. Deshalb empfahl sie, verschiedene Typen zu bauen, zu erproben und sich danach auf einen einheitlichen Typ festzulegen. Am 23. Mai 1848 genehmigte der preußische König den Bau von vorerst 18 Kanonenschaluppen und zwei Kanonenjollen.

Geplanter Bestand an Kanonenschaluppen und Kanonenjollen

Stationierungsort	Flottillendivision
Danzig	*I. Flottillendivision* 3 Flottillengeschwader mit 27 Kanonenschaluppen und 2 Kanonenjollen.
Stettin	*II. Flottillendivision* 3 Flottillengeschwader mit 27 Kanonen schaluppen und 4 Kanonenjollen.
Stralsund	*III. Flottillendivision* 3 Flottillengeschwader mit 27 Kanonen-schaluppen und ein Flottillengeschwader mit 4 Blockschiffen.

(Nach: Bundesarchiv-Militärarchiv Freiburg i.Br., Aktenbestand RM 1 v. 2120.)

Generalleutnant Prinz Adalbert trat Anfang Mai 1848 mit der *Denkschrift für die Bildung einer deutschen Kriegsflotte* an die Öffentlichkeit. Damit bestimmte er die Richtung, in der sich der Aufbau der deutschen Kriegsmarine zu bewegen habe. Die Marine sollte gesamtdeutsch sein, aber nach den Vorstellungen Preußens „preußisch-deutsch“.

Das II. Armeekorps Stettin, das für die Verteidigung der pommerschen und rügenschen Küste verantwortlich war, konzentrierte die weitreichende Artillerie in den Schanzen vor Swinemünde und bei Peenemünde.

Stralsund und die anderen Seestädte fühlten sich vernachlässigt. Sie erhoben scharfen Protest. Erst am 2. Mai 1848 wurden die Prosnitzer Schanze an der Ostansteuerung Stralsunds und am 5. Mai 1848 die Schanze Seehof am Fahrwasser zwischen Rügen und Hiddensee mit Geschützen besetzt.

Die preußische und deutsche Ohnmacht zur See regte viele Menschen an, Vorschläge darüber zu unterbreiten, wie man sich auf See besser zur Wehr setzen sollte. Die Tage Ende April/Anfang Mai 1848 waren die „Tage der Denkschriften“. In Frankfurt/M. stand die Konstituierung der Nationalversammlung bevor. Es herrschte eine Art Aufbruchstimmung in Richtung eines einheitlichen Nationalstaates unter dem schwarz-rot-goldenen Banner. Darin eingeschlossen war auch der gesamtdeutsche Flottengedanke.

Ende April 1848 bildete sich in Stralsund unter Vorsitz des Marine-Obersten a.D. Longé ein „Ausschuß behufs der Beförderung des Küstenschutzes“. Der Ausschuß wollte Geld beschaffen, um den Schutz der Stadt und der im Hafen liegenden Schiffe zu verbessern. Als „Ausschuß für Maßnahmen zum Schutz der Küsten und Häfen gegen feindliche Angriffe“ trat er am 2. Mai 1848 mit einem Vorschlag zum Aufbau einer deutschen Ostseeflotte an die Öffentlichkeit.

Als Sofortmaßnahmen wollte man Küstenbatterien an den Zufahrten zu den Häfen aufstellen und außerdem Küstenflotten nach dem Vorbild der russischen und schwedischen Schärenflotten aufbauen. Längerfristig waren vorgesehen: Im Abschnitt Flensburg–Wismar der Hauptkriegshafen Kiel, im Abschnitt Rostock–Swinemünde der Stationsplatz Stralsund und im Abschnitt Kolberg–Memel der Stationsplatz Danzig. Für Stralsund schlug der Ausschuß die Errichtung von Arsenalen, Werkstätten und Docks, einer Werft und einer Marineschule vor. Weiterhin waren drei Dampffregatten, vier Dampfkorvetten und 40 Kanonenschaluppen vorgesehen. Diese Vorschläge wurden der Frankfurter Nationalversammlung übergeben und in ihren Gremien beraten.

Die Stralsunder beließen es nicht bei Denkschriften. Gemeinsam unterzeichneten am 6. Mai 1848 die Vertreter der Stralsunder und Greifswalder Marineausschüsse einen Spendenaufruf: *„Der Däne liegt vor unseren Fahrwassern, er hemmt durch seine Blockadeschiffe unseren Handel. Er bedroht unser Eigentum. Nach dem Urteil sachkundiger Männer gewähren 20 bis 25 Kanonenschaluppen im Moment gegen die Dänen und zukünftig gegen die Feinde aus dem Osten den besten Schutz für unsere vorpommerschen und* *rügenschen Küsten. Auf die Erbauung und Ausrüstung solcher Fahrzeuge kommt es zunächst an. Laßet uns in Vorpommern und auf Rügen die Ersten sein, die einen soliden Grund für eine künftige deutsche Kriegsflotte legen. Die Städte Stettin, Kolberg, Elbing, Danzig, Königsberg und Memel werden gewiß unserem Beispiel folgen.*

Allein die Zeit drängt. Wir dürfen weder nähere Verhaltensbefehle von Berlin noch die Beteiligung des Deutschen Bundes abwarten. Schon jetzt muß zum Bau von mehreren Kanonenschaluppen geschritten und ihre Ausrüstung in kürzester Zeit vollendet werden. Deshalb sollten sich alle Bewohner des platten Landes und der Städte an der Spende beteiligen. Wir stehen in der Vorhut Deutschlands gegen das Meer. Laßet uns zeigen, daß wir keine Opfer scheuen, um diesen Posten ehrenvoll zu behaupten, daß wir unseres Gesamtvaterlandes würdig sind.“

Die Spendenbereitschaft unter der Bevölkerung war groß. Der Stralsunder Ausschuß entschied sich deshalb für den Nachbau des preußischen Haffkanonenbootes DANZIG. Bei den Erprobungen 1825 erhielt es gute Einschätzungen. Ein Teil der Ausrüstung lagerte noch im Stralsunder Marinedepot, und das preußische Kriegsministerium erklärte sich bereit, diese kostenlos zur Verfügung zu stellen. Allerdings knüpfte es daran die Bedingung, daß das Boot ihm „zur Disposition gestellt würde“.

Am Todestag des preußischen Königs Friedrich Wilhelm III., am 7. Juni 1848, streckte der Schiffbaumeister Erich auf der Stralsunder Stadtwerft den Kiel. Dieser Tag war kein Zufall, denn Königstreue bestimmte das Denken der Männer vom Stralsunder Marineausschuß. Die Arbeiten kamen gut voran.

Für den Stapellauf wurde der preußische König eingeladen, doch der König entschuldigte sich und ließ sich durch den Prinzen Adalbert vertreten. Der Prinz unternahm am 10. August 1848 vormittags eine Fahrt mit dem mobilgemachten Postdampfer KOENIGIN ELISABETH in Richtung Hiddensee. Er wollte die Verhältnisse im Fahrwasser zwischen Hiddensee und Rügen persönlich kennenlernen. Vor Hiddensee lagen ständig dänische Blockadeschiffe. Aber trotz des Krieges war die Seepostlinie nach Schweden nicht unterbrochen.

Tausende Schaulustige hatten sich auf der Stralsunder Werft eingefunden. Stolz erfüllte die Stralsunder, denn das Kanonenboot war von ihren Spenden gebaut worden, und sie selbst sahen sich an der Spitze der deutschen Flottenbewegung.

Mittags erreichte die KOENIGIN ELISABETH wieder die Stralsunder Reede. Der Dampfer STRALSUND lief ihr entgegen und entbot den zurückkehrenden Gästen mit Salutschüssen einen Gruß. Auf der Stadtwerft eröffneten die Musikkapellen den Festakt. Dr. Zober, Oberlehrer am Stralsunder Gymnasium und einer der führenden Köpfe des Marineausschusses, hielt die Festrede.

Sie endete mit den Worten: *Schlagt den Keil nun ab, Strela-Sund gleit' hinab, hurra dem Strela-Sund!*

Prinz Adalbert verfolgte das Schauspiel nicht von der eigens dafür aufgebauten Tribüne. Er stieg an Bord und schwenkte beim Ablaufen des Bootes den Flaggstock mit der preußischen und der deutschen Flagge. Daß er sich dabei nasse Füße holte, erhöhte seine Popularität.

Nach dem Stapellauf nahm der Dampfer Stralsund die Kanonenschaluppe in Schlepp und umrundete mit ihr die Insel Dänholm. Auf Bitten des Stralsunder Marineausschusses ließ sich der preußische Prinz zum Dänholm übersetzen. Dort überreichte ihm der Stralsunder Marineausschuß die Denkschrift *Der Strale-(Strela-)Sund oder die Meerenge zwischen Rügen und Neuvorpommern als Stationsplatz für einen Teil der deutschen Flotte in der Ostsee.* Beim gemeinsamen Rundgang über die Insel zeigten die Ausschußmitglieder dem Prinzen, wo der Hafen, die Werft, die Kanonenbootsschuppen, die Magazine, Kasernen und anderen Wohngebäude entstehen sollten.

Der Stralsunder Marineausschuß wollte die Strela-Sund möglichst bald in Dienst stellen und auf den Ansteuerungen nach Stralsund einsetzen. Am 24. und 25. August 1848 fanden auf der Reede die Erprobungen statt.

Der 24. August 1848 war ein schwüler Sommertag. An diesem Tag wurden die Segeleigenschaften getestet. Dafür hatten sich 23 Seeleute freiwillig gemeldet. Der Wind wehte nur schwach und wechselte häufig die Richtung. Trotzdem gelang es der Besatzung, den Dänholm zu umrunden. Das Protokoll hielt optimistisch fest, daß es die Kanonenschaluppe bei stärkerem Wind mit anderen guten Seglern aufnehmen könne.

Der zweite Erprobungstag war dem Manövrieren unter Rudern und dem Artillerieschießen vorbehalten. Für die Bedienung der Riemen hatten sich 32 Steuermannsschüler der Stralsunder Navigationsschule gemeldet. Marine-Oberst a.D. Longé gab die Kommandos. Die Geschütze bedienten Artilleristen der Festung Stralsund. Geschossen wurde aus den 24-Pfündern und aus den Haubitzen. Die Erprobungen verliefen erfolgreich. Allerdings mußte man das Probeschießen mit Vorsicht bewerten, denn es gab nur einen scharfen Schuß mit einer Kugel, und den noch nicht einmal auf ein Ziel.

Um die Unterstellung und den Einsatz der Strela-Sund entbrannte mit dem preußischen Kriegsministerium ein ernsthafter Streit. Nach den Vorstellungen der Stralsunder sollte die Schaluppe sofort auf den Ansteuerungen, besonders auf den nördlichen, zum Einsatz kommen. Das preußische Kriegsministerium jedoch wollte die Schaluppe nach Stettin verlegen. Dort sollte sie eine Besatzung erhalten und sich auf den Vergleich mit den im Bau befindlichen Typen vorbereiten. Die Stralsunder glaubten dem preußischen Kriegsministerium nicht und vermuteten, daß das von ihren Spenden gebaute Kanonenboot in Swinemünde oder Stettin eingesetzt werden sollte. Und die

Meinungsverschiedenheiten hielten an. Erst am 25. Oktober 1848 fand die Übergabe der STRELA-SUND an das Stralsunder Marinedepot statt. Der Dampfer STRALSUND schleppte die Schaluppe nach Lauterbach. Dort nahm sie vom 9. bis 14. November 1848 an der Erprobungsübung im Greifswalder Bodden teil. Der Kommandant der STRELA-SUND, der Seewehroffizier Hassenstein, stand vor einer schwierigen Aufgabe. Mit einer ungenügend ausgebildeten Besatzung mußte er sich dem Vergleich stellen. Es gelang nicht, die Vorzüge der Schaluppe nachdrücklich zu demonstrieren. Auch beim Erprobungsschießen traten Schwierigkeiten auf. Für die 24-Pfünder befand sich die falsche Munition an Bord, für die Haubitzen fehlte sie ganz, und die STRELA-SUND bestand den Test nicht.

Das preußische Kriegsministerium entschied sich deshalb für den Typ, den der Ingenieuroffizier Gaede entwickeltet hatte. War das eine späte Genugtuung für den Sohn einer Anklamer Schiffbauerfamilie? Er hatte sich in den zwanziger Jahren fast gleichzeitig mit Longé um eine Anstellung in der neu zu gründenden Königlich Preußischen Marine beworben; doch Longé erhielt den Vorzug, weil er in der englischen Marine gedient hatte.

Das Marine-Etablissement auf dem Dänholm

Nach dem Ausbruch des deutsch-dänischen Krieges (1848/49) setzte in Deutschland ein komplizierter, mitunter widersprüchlicher Prozeß nicht nur in der gesellschaftlichen, sondern auch in der Marineentwicklung ein. Letzterer war zumeist von einem gesamtdeutschen Flottengedanken geprägt, trug aber auch starke partikularistische Züge.

Preußen besaß nicht nur den Kriegsschoner AMAZONE, sondern auch die Kanonenjollen Nr. 1 und Nr. 2. Die STRELA-SUND sowie weitere Kriegsfahrzeuge wurden teilweise mit Spendengeldern gebaut: in Stettin die Kanonenjollen Nr. 3 (GERMANIA) und Nr. 4 (CONCORDIA), in Stralsund die Kanonenschaluppe Nr. 25 (RÜGEN-HALLE), in Greifswald die Kanonenschaluppe Nr. 23, in Wolgast der Schoner FRAUENLOB und in Danzig der Schoner HELA.

Die Regierung Schleswig-Holsteins ging in großer Eile daran, eine eigene Flotte aufzubauen. Diese bestand hauptsächlich aus Kanonenschaluppen, einigen Schonern und armierten Dampfern. Tapfer traten die Besatzungen in mehreren Seegefechten den überlegenen dänischen Seestreitkräften entgegen. Zu den herausragenden technischen Leistungen dieser kleinen Flotte gehörten der Bau und der Einsatz des ersten deutschen schraubengetriebenen Dampfkanonenbootes VON DER TANN, des ersten deutschen Tauchbootes (Brandtaucher) sowie der ersten fernzündbaren Seeminen.

Nach Abschluß des Friedensvertrages zwischen Preußen und Dänemark am 2. Juli 1850 setzte Schleswig-Holstein mit Unterstützung zahlreicher Freiwilliger den Abwehrkrieg gegen Dänemark fort. Schließlich mußten auf Druck des Deutschen Bundes am 11. November 1851 die Kampfhandlungen beendet werden. Heer und Flotte wurden aufgelöst, und die Kriegsfahrzeuge mußten am 4. März 1852 an Dänemark abgeliefert werden.

Auch Hamburg traf die dänische Blockade hart. Der wichtigste Wirtschaftszweig, der Seehandel, kam fast zum Erliegen. Ein Marineverein sammelte Geld zum Ankauf von Schiffen und für ihre Armierung. Schließlich stellten die Hamburger die Dampfkorvetten HAMBURG, BREMEN und LÜBECK, die Segelfregatte DEUTSCHLAND und die Ruderkanonenschaluppe ST. PAULI in Dienst. Als „Hamburger Flottille“ gingen sie in die Geschichte ein. Am 14. Oktober 1848 übernahm eine Reichskommission der Frankfurter Nationalversammlung die Flottille. Sie bildete den Anfangsbestand der deutschen Reichsflotte von 1848/49.

In Hamburg trafen sich im Juni 1848 Abgeordnete der Marineausschüsse und -vereine aus allen Teilen Deutschlands. Am 1. Juni 1848 wurde der Marinekongreß eröffnet. Den Stralsunder Marineausschuß vertrat der Rittergutsbesitzer W. v. Kathen, ein Marineenthusiast. Der Kongreß beschloß am 6. Juni

Das erste preußische Schwimmdock

Kanonenbootsschuppen auf dem Dänholm. Rückfront

1848 die Bildung einer deutschen Kriegsflotte. Die oberste Marinebehörde sollte ihren Sitz in Hamburg haben und der preußische Prinz Adalbert an ihrer Spitze stehen. Ihre größten Hoffnungen setzten die Anhänger einer deutschen Seemacht auf die Frankfurter Nationalversammlung.

Eigentlich wollten die Leute von Rügen, Stralsund und Umgebung, daß Ernst Moritz Arndt ihre Interessen in Frankfurt/M. vertrat. Doch er mußte wegen anderer Verpflichtungen absagen. In einem weiteren Wahlgang wurde für ihn der Stralsunder Gymnasial-Direktor Prof. Dr. Nizze gewählt.

Am 18. Mai 1848 trat die Frankfurter Nationalversammlung in der Paulskirche erstmals zusammen. Die Bildung der Kriegsmarine des Deutschen Reiches gehörte von Anfang an zu den viel diskutierten Themen. Bereits am 14. Juni 1848 bewilligte die Versammlung sechs Millionen Reichstaler aus dem Fond für den Unterhalt der Bundesfestungen (Festungen, die der Deutsche Bund wegen ihrer überragenden strategischen Bedeutung aus einem gemeinsamen Fond finanzierte). In der Reichsregierung war der Handelsminister für die Marineangelegenheiten zuständig.

Nach dem Waffenstillstand mit Dänemark vom 26. August 1848 verstärkten sich die Bemühungen, eine Reichsmarine aufzubauen. Die wichtigste Vorarbeit dazu sollte die Technische Marinekommission leisten. Der preußische König stellte dafür den Prinzen Adalbert und den ehemaligen Navigations-Direktor, Kommodore Schröder, frei. In der Kommission arbeitete auch der Fregattenkapitän Brommy mit. Sie beendete im Februar 1849 ihre Tätigkeit und stützte sich in ihrem abschließenden Vorschlag im Wesentlichen auf die vom preußischen Prinzen Adalbert vorgelegte Denkschrift vom 1. Mai 1848.

Am 5. April 1849, nachdem die Kampfhandlungen mit Dänemark wieder ausgebrochen waren, wurde Brommy zum Kapitän zur See befördert und zum Leiter der Seezeugmeisterei und Chef der Reichsmarine berufen. Am selben Tag versenkten Landbatterien das dänische Linienschiff CHRISTIAN VIII. Die dänische Segelfregatte GEFION strich die Segel. Als ECKERNFÖRDE wurde sie in die Reichsflotte eingereiht. Schließlich schlug sich ein Geschwader der Reichsmarine unter dem Kommodore Brommy bei Helgoland mit der dänischen Segelkorvette VALKYRIEN.

Inzwischen hatte sich die Frankfurter Nationalversammlung zur Handlungsunfähigkeit degradiert; sie löste sich im September 1849 auf. Ein Jahr später, am 2. September 1850, trat in Frankfurt/M. der Bundestag, das höchste Organ des Deutschen Bundes, wieder zusammen. Er übernahm die Reichsmarine und beschloß am 30. Dezember 1851 ihre Auflösung. Die Hoffnungen eines großen Teils der Deutschen wurde damit zunichte gemacht.

Für die gezahlten Matrikularbeiträge bekam Preußen die Segelfregatte ECKERNFÖRDE (in Preußen wieder GEFION) und die Radfregatte BARBAROSSA.

Preußen erhielt nach dem Waffenstillstand mit Dänemark am 26. August 1848 die Möglichkeit, von den bisherigen Provisorien zum systematischen Aufbau einer eigenen Marine überzugehen.

Durch die Allerhöchste Cabinets-Ordre vom 5. September 1848 erhielten die maritimen Streitkräfte Preußens eine neue Qualität. Das Allgemeine Kriegsdepartement im preußischen Kriegsministerium bekam eine vierte Abteilung, die für die Marineangelegenheiten. Weiterhin wurde in Berlin unter Vorsitz des Prinzen Adalbert eine Marine-Kommission geschaffen. Sie hatte zukünftig in allen Marinesachen Vorschläge zu erarbeiten.

Ebenfalls am 5. September 1848 ordnete der preußische König Friedrich Wilhelm IV. die Formierung eines Marine-Bataillons an. Es hatte die Kanonenschaluppen und -jollen zu bemannen, die Besatzungen auszubilden und ein Übungsgeschwader in Dienst zu stellen. Der erste Standort war Stettin. Dort wurde noch im September 1848 ein Marinedepot gebildet, das die von den Werften abgelieferten Fahrzeuge zu übernehmen, auszurüsten und an die Besatzungen zu übergeben hatte.

Am 26. März 1849, nach Ablauf des Waffenstillstandes, setzte Dänemark die Blockade der deutschen Häfen fort. Die Königlich Preußische Marine führte eine intensive Ausbildung durch. Die Seeausbildung der Kanonen-

Büste des Konteradmirals Jachmann.
Marinemuseum Dänholm

schaluppen, der AMAZONE und des PREUSSISCHEN ADLERS fand wiederum im nördlichen Greifswalder Bodden statt. Dazu gehörte das Artillerieschießen auf eine Scheibe, die schon für die Übung im November 1848 auf der Insel Vilm errichtet worden war. Auf den nördlichen Ansteuerungen von Stralsund bezogen, anfangs bei Barhöft und später im Fahrwasser zwischen Rügen und Hiddensee, die Kanonenschaluppen Nr. 1 bis 3 Position.

Am 15. Juni 1849 forderte der preußische Kriegsminister mehr Aktivität von der Marine. Sie sollte insbesondere die vor Swinemünde und bei der Insel Greifswalder Oie liegenden dänischen Blockadeschiffe angreifen und so dem „Geist der Mannschaften selbst einen Aufschwung“ geben.

Bei einer Aufklärungsfahrt entlang der hinterpommerschen Küste stieß der PREUSSISCHE ADLER auf der Höhe Brüsterort auf die dänische Kriegsbrigg ST. CROIX, und es kam zum Gefecht. Dabei erhielt der Bootsmann des PREUSSISCHEN ADLERS eine schwere Verwundung, an deren Folgen er verstarb. Auf der Kanonenschaluppe Nr. 1 (STRELA-SUND) fand am 8. August 1849 zu Ehren des Bootsmannes Treptow ein Gedenkgottesdienst statt, dies war der erste Gottesdienst auf einem preußischen Schiff. Das Boot lag nördlich von Stralsund bei Barhöft. Die Predigt hielt der Pfarrer der Gemeinde Prohn.

Im Sommer 1849 befanden sich das Kommando der Marine, das Marinebataillon, ein Marinedepot und der größte Teil der Marinefahrzeuge in Stettin.

Am 8. August 1849 beendete Dänemark nach einem erneuten Waffenstillstand die Blockade der preußischen Häfen. Die AMAZONE verlegte nach Danzig. Aus dem Hafenteil, in dem sie überwinterte, entwickelte sich später die Königliche Werft. Die einst mobilgemachten Dampfer wurden an ihre Eigner zurückgegeben und die Kanonenschaluppen und -jollen nach Stralsund verlegt.

Stralsund hatte sich um ein Marine-Etablissement für die Küstenflottille beworben und den Verkauf der Insel Dänholm angeboten. Die Verhandlungen schleppten sich aber hin. Erst am 29. Mai 1850 übergab die Stadt die Insel an das Kriegsministerium. Die Zeit drängte, denn die 40 Kanonenschaluppen und -jollen lagen seit dem Herbst 1849 im verdreckten und verschlammten Stralsunder Kronhafen und im Fischereihafen nebenan. Mit Hochdruck begannen die Arbeiten auf dem Dänholm; der Hafen wurde gegraben, die östliche Einfahrt gebaggert, die Molen errichtet, das Gelände am Hafen planiert und mit dem Bau der ersten Gebäude begonnen.

Ende Oktober 1851 verlegte der Radaviso NIX von Stettin nach Stralsund, der SALAMANDER folgte im nächsten Frühjahr.

Am 14. November 1851 beseitigten die Bauarbeiter den Damm an der östlichen Einfahrt zum Hafen auf dem Dänholm. Das Meerwasser strömte in das neue Bassin, und die Kanonenschaluppe Nr. 34 lief als erstes Schiff in den neuen Kriegshafen ein. An den folgenden Tagen schleppte der Dampfer STRALSUND die Kanonenschaluppen und -jollen zum Dänholmhafen. Hier begann sofort das Aufschlippen der Fahrzeuge in die noch nicht ganz fertiggestellten Kanonenbootsschuppen. Für die Arbeiten an den Fahrzeugen und zur Bewachung des Marinedepots verlegten der Stab und Teile der Matrosenstammdivision sowie Angehörige des Marinekorps nach Stralsund. Die Marine war in der ersten Zeit noch auf Quartiere in der Stadt angewiesen. Erst Mitte der fünfziger Jahre bezog sie die Kaserne auf dem Dänholm.

Als 1848/49 die Kanonenschaluppen gebaut wurden, waren sie von der technischen Entwicklung bereits schon wieder überholt. Doch Preußen mußte sich mit seinen vorhandenen Möglichkeiten vorerst damit begnügen. Erst durch die einsetzende Industrialisierung entstanden in den 50er und 60er Jahren die Voraussetzungen für den Bau von dampfgetriebenen Kriegsschiffen auf einheimischen Werften.

Der Bau von Dampfkanonenbooten leitete den schrittweisen Ersatz der Kanonenschaluppen ein. Damit die Boote schnell zur Verfügung standen, erhielten Werften in Danzig, Stettin und Wolgast die entsprechenden Bauaufträge. Einheimische Maschinenfabriken stellten die Antriebsanlagen her, darunter die A.G. Vulcan in Stettin. Alle Boote waren mit gezogenen Kanonen der Firma Krupp armiert.

Für die Stationierung der Dampfkanonenboote begann 1860 der Ausbau des Marine-Etablissements auf dem Dänholm. Dafür mußte der Hafen vertieft und erweitert, die westliche Einfahrt gebaggert, eine große Halle für 15 Kanonenboote errichtet, die Werftschmiede vergrößert und die Werkzeuge für die Reparatur der Maschinen beschafft werden. Der Kohlenschuppen, ein Lagergebäude für Maschinenteile und ein neues Laboratorium entstanden weiterhin.

Anfang der sechsiger Jahre stützte sich die preußische Marine auf Danzig als wichtigsten Werft-, Ausrüstungs- und Stationierungsort und auf Stralsund als Stationierungsort für die Kanonenschaluppen, Dampfkanonenboote und Avisos.

Dänemark setzte in den 50er und 60er Jahren seine Bestrebungen zur Einverleibung Schleswigs fort. Daraufhin beschloß der Deutsche Bund am 1. Oktober 1863 eine Bundesexekution gegen Dänemark. Sachsen und Hannover erhielten den Auftrag, die Herzogtümer Holstein und Lauenburg zu besetzen. Das geschah vom 22. bis 31. Dezember 1863. Preußen und Österreich hielten Truppen bereit, um notfalls den Einmarsch zu unterstützen

Preußen ordnete am 8. Dezember 1863 die Kriegsbereitschaft für die Marine an. Im Marinedepot auf dem Dänholm begann die Indienststellung der Avisos und Dampfkanonenboote. Sie bildeten die Flottille, die am 24. Dezember Kapitän zur See Kuhn übernahm. Am 1. März 1864 war die Indienststellung der Dampfkanonenboote (I., II. und III. Flottillendivision) abgeschlossen. Der nunmehrige Kapitän zur See Jachmann formierte aus den Dampfkorvetten ARCONA und NYMPHE das Geschwader.

Das dänische „Geschwader im östlichen Teil der Ostsee“ versammelte sich am 1. März 1864 auf der Höhe vom Dornbusch/Hiddensee und kreuzte in den folgenden Tagen vor Rügen. Dort sollte es deutsche Handelsschiffe aufbringen und ab 15. März 1864 die preußischen Häfen blockieren. Der preußische König Wilhelm I. forderte von der Marine mehr Aktivitäten. Jachmann sollte mit den kriegsbereiten Schiffen auslaufen und die angedrohte Blockade von Swinemünde verhindern. Am 16. März 1864 unternahm er mit ARCONA und NYMPHE eine Aufklärungsfahrt in der Pommerschen Bucht und traf sich bei der Insel Ruden mit dem Kapitän zur See Kuhn, der dort mit dem Aviso LORELEY und einer Flottillendivision Dampfkanonenboote in Bereitschaft lag.

Wo sich das dänische Geschwader befand, wußte Jachmann zu dieser Stunde nicht. Der Leuchtturmwärter von Arkona, Schilling, hatte zwar die dänischen Kriegsschiffe am 16. März 1864 gesichtet, doch die während der Mobilmachung eingerichtete Kriegstelegraphenstation auf Arkona war noch nicht besetzt, so daß seine Informationen nicht übermittelt werden konnten. Jachmann entdeckte beim Rückmarsch nach Swinemünde dänische Kriegsschiffe. Da aber die Dunkelheit hereinbrach, lief er mit seinen Schiffen wieder in Swinemünde ein.

Am nächsten Vormittag suchte Jachmann mit ARCONA und NYMPHE im östlichen Teil der Pommerschen Bucht die Dänen, jedoch ohne Erfolg. Deshalb lief er in Richtung Rügen ab. Gegen Mittag sichteten die Preußen dänische Kriegsschiffe auf der Höhe von Sassnitz. Zum preußischen Geschwader sties-

Kriegsflagge des Norddeutschen Bundes. 1867-1871

sen die beim Ruden liegenden Dampfkanonenboote und der Aviso LORELEY. Jachmann griff mit ARCONA, NYMPHE und LORELEY an. Nach einem kurzen Artilleriekampf mußten sich die unterlegenen preußischen Kriegsschiffe nach Swinemünde und in den Greifswalder Bodden absetzen. Trotzdem hatten sich die Preußen wacker geschlagen. Das stärkte das Selbstvertrauen der Marine und ihr Ansehen unter der Bevölkerung.

Am 18. März 1864 begann im Marinedepot Stralsund die Indienststellung der IV. Flottillendivision (Schlepper PFEIL und elf Ruderkanonenschaluppen) und der V. Flottillendivision (sechs Ruderkanonenschaluppen und vier Ruderkanonenjollen). Die Ruderkanonenschaluppen und -jollen sollten die Küstenverteidigung verstärken, denn man befürchtete noch immer dänische Landungen auf Rügen. Da diese infolge des allgemeinen Kriegsverlaufs aber immer unwahrscheinlicher wurden, konnten die beiden Flottillendivisionen schon bald wieder außer Dienst gestellt werden. Das Personal füllte die Besatzungen der Glattdeckskorvette AUGUSTA und der Segelschulschiffe NIOBE, MUSQUITO und ROVER auf.

Im Herbst 1863 befanden sich der Aviso PREUSSISCHER ADLER und die Stralsunder Dampfkanonenboote I. Klasse BLITZ und BASILISK in diplomatischer Mission im Mittelmeer. Wegen des drohenden Krieges mit Dänemark hatten sie am 3. Dezember 1863 Order erhalten zurückzukehren. Nach einer beschwerlichen Rückreise wurden die drei Fahrzeuge am 1. Mai 1864 in Den Helder dem österreichischen Kommodore von Tegetthoff unterstellt. Unter seiner Führung nahmen sie am 9. Mai 1864 im Bestand des österreichisch-preußischen Geschwaders am Seegefecht bei Helgoland teil. Später beteiligten sich die beiden Dampfkanonenboote an der Besetzung der Nordfriesischen Inseln.

Ende Juni 1864 setzte Dänemark nach einem erneuten Waffenstillstand die Blockadehandlungen fort. Zur Sicherung der nördlichen Ansteuerung von Stralsund und des Postdampferverkehrs nach Schweden lag auf der Reede Posthaus Wittow die III. Flottillendivision mit fünf Dampfkanonenbooten II. Klasse. Am 2. Juli 1864 näherte sich die dänische Fregatte TORDENSKJOLD in Begleitung des Raddampfers HEKLA der Insel Hiddensee. Die preußischen Dampfkanonenboote liefen aus und griffen an. Vor Dornbusch entwickelte sich ein einstündiges Gefecht. Als die dänische Fregatte weiter in die freie See steuerte, liefen die Kanonenboote in den Libben zurück.

Im Armeebefehl des preußischen Königs Wilhelm I. vom 7. Dezember 1864 zum Abschluß des Krieges fand auch die Marine eine Würdigung: „Meine neu begründete Flotte hat sich den Landtruppen würdigst angeschlossen und zählte in ihrem Erstkampfe nicht die Zahl der feindlichen Schiffe".

Preußen erhielt Kiel und begann dort mit dem Aufbau seiner Ostseestation. Nach dem deutsch-französischen Krieg 1870/71 genehmigte Wilhelm I. am 11. April 1871 die Auflösung des Marinedepots Stralsund.

Die „eingehende“ Festung Stralsund

Der Festungscharakter hatte für Stralsund viele Vorteile. In Friedenszeiten befand sich eine starke Garnison in der Stadt, die versorgt und untergebracht werden mußte. Gaststätten und Hotels verdienten nicht schlecht am Militär. Der ständige Ausbau der Befestigungsanlagen bedeutete Arbeit für viele, mit einer starken Garnison wollten die Stralsunder schon leben.

Doch der Festungscharakter war auch mit großen Nachteilen für die wirtschaftliche Entwicklung Stralsunds verbunden. Vor allem gab es Einschränkungen für die Bebauung der Vorstädte, der Hafeninsel und für den Ausbau der Werften. Fabriken konnten sich außerhalb der Festungsanlagen nicht ansiedeln. An einen Eisenschiffbau war nicht zu denken. Sogar das erste Bahnhofsgebäude mußte aus Holz erbaut werden, damit es im Mobilmachungsfall recht schnell abgerissen oder abgebrannt werden konnte.

Eine Stralsunder Jacht. Marinemuseum Dänholm

Auch aus verkehrstechnischer Sicht häuften sich die Probleme: Der Stralsunder Bahnhof sollte ursprünglich in der Frankenvorstadt in der Nähe des Hafens entstehen. Da jedoch die Verlängerung der Bahnlinie nach Rostock vorgesehen war, wurde er in der Tribseer Vorstadt errichtet. Dadurch mußte sich der gesamte Personen- und Güterverkehr zwischen dem Bahnhof und dem Hafen durch die engen Stadttore und die Innenstadt quälen.

Bereits 1862 hatte der Stralsunder Magistrat den preußischen Reichskanzler gebeten, den Festungscharakter für die Stadt aufzuheben. Dieser Bitte wurde jedoch nicht entsprochen. Die Hauptgründe für die abschlägige Antwort waren der Anschluß Stralsunds an das Eisenbahnnetz, die Vertiefung des Fahrwassers zwischen Rügen und Hiddensee für die Postdampfschiffe und den Frachtverkehr sowie der Bau der Hauptstation der preußischen Marine in der Ostsee im Jasmunder Bodden/Rügen. Auch einen erneuten Anlauf vom 26. Mai 1871 lehnte das Kriegsministerium ab.

Während des deutsch-französischen Krieges 1870/71 gerieten viele französische Soldaten in deutsche Gefangenschaft. Am 9. Dezember 1870 trafen die ersten französischen Kriegsgefangenen in Stralsund ein. Ihr Marsch vom Bahnhof durch die Stadt zur Brückenschanze und später zum Dänholm war für viele Stralsunder ein Erlebnis besonderer Art, denn unter den Gefangenen befanden sich viele Afrikaner. Andersfarbige Menschen, dazu in exotisch anmutenden Uniformen, hatten die meisten Stralsunder bisher nur im Zirkus gesehen.

Zum Unglück schleppten die Kriegsgefangenen die Pocken ein. Die Seuche breitete sich unter den Gefangenen, aber auch unter der deutschen Zivilbevölkerung, rasch aus. Durch umfangreiche Impfungen konnte die Seuche eingedämmt werden. Die deutschen Soldaten blieben von der Krankheit verschont, denn sie waren dagegen geimpft. Die verstorbenen französischen Kriegsgefangenen fanden ihre letzte Ruhestätte auf einem gesonderten Gräberfeld des Kirchhofs der St. Marienkirche in der Tribseer Vorstadt. Der Friedhof existiert heute nicht mehr. Er mußte im Zusammenhang mit dem Bau des Rügendammes bei der Erweiterung des Stralsunder Bahnhofs überbaut werden.

Im April 1871 begann die Entlassung der 2790 Kriegsgefangenen. Ihr Rücktransport erfolgte per Bahn und teilweise ab Hamburg mit Schiffen. Um ihren zügigen Abmarsch vom Dänholm zum Bahnhof sicherzustellen, wurde von der Brückenschanze zur Insel Dänholm eine feste Schiffsbrücke geschlagen. Erst am 10. Juni 1871 war der Ziegelgraben für die Schiffahrt wieder nutzbar.

Seit der Auflösung des Marinedepots Stralsund und nach dem Rücktransport der französischen Kriegsgefangenen standen die Kasernen auf dem Dänholm leer. Ungeachtet dessen war die Stralsunder Garnison nur zu einem

Das ehemalige Garnisonslazarett am Neuen Markt

Viertel in Kasernen untergebracht, der größere Teil lag in Privatquartieren. Für die Armee war die Insel Dänholm zu entlegen und außerdem verkehrsmäßig schlecht angebunden. Deshalb forderte das Militär eine feste Brücke zwischen der Brückenschanze und der Insel. Dagegen wehrte sich die Stadt, denn sie sollte die Kosten für die Brücke übernehmen. Eine Hochbrücke stand wegen der enormen Kosten nicht zur Diskussion. Auch der Einbau eines Drehbrückensegments wäre zu kostenaufwendig geworden. Der Ziegelgraben war ein wichtiges Fahrwasser zum Hafen, vor allem für die Fischer, Schleppzüge und Küstenfahrer, und die benötigten eine ungehinderte Durchfahrt.

Schließlich ergriff die Infanterie Besitz von der Insel. Ab 1873 lagen ständig zwei bis drei Kompanien auf dem Dänholm, und die Soldaten und Beamten, die Fährleute und Handwerker mit ihren Familien wohnten ebenfalls dort.

Durch den Bau des Garnisonslazaretts am Neuen Markt und seine Inbetriebnahme 1873 verbesserte sich die medizinische Betreuung der Garnison. Die Garnisonsbäckerei in der Schillstraße neben dem Proviantmagazin erhielt ein neues Gebäude.

Nach dem deutsch-französischen Krieg 1870/71 veränderten sich die Bedingungen für die Landesverteidigung Deutschlands. Deshalb legte man die Anzahl und die Standorte der strategisch wichtigen Festungen, zu denen auch Stralsund gehörte, neu fest. Durch das Gesetz über die Umgestaltung des deutschen Festungswesens vom 30. Mai 1873, veröffentlicht im *Reichs-Gesetzblatt, Jahrgang 1873, Nr. 14,* erhielt Stralsund den Status einer „eingehenden" Festung. Das hieß, daß sämtliche Werke auf Rügen und auf dem Dänholm, die Pommersche Batterie, das Werk auf der Schwarzen Kuppe sowie die Fähr-, Johannis- und Knieperbastion mit den sie verbindenden Courtinen am Hafen bestehen blieben.

Das Hafenplateau durfte aber unter Einhaltung spezieller Bestimmungen bebaut werden. Alle anderen Befestigungsanlagen gab das Militär auf. Damit begann für Stralsund ein über 20 Jahre andauernder Prozeß der „Entfestigung", der durch den Abbruch von Werken und das Einebnen von Wällen einerseits, andererseits durch die Modernisierung von Forts gekennzeichnet war.

Noch im gleichen Jahr begannen die Einebnungsarbeiten dort, wo es für die Stadt die größten Probleme gab: am Tribseer-, am Franken- und am Kniepertor. Zuerst wurden die Tordurchfahrten verbreitert, die Wassergräben zugeschüttet, die Klappbrücken durch Dämme ersetzt und gerade Ausfallstraßen angelegt. Das Tribseer- und das Frankentor mit den Nebengebäuden und den sich anschließenden Mauern wurden abgetragen. Bürgerproteste verhinderten den Abbruch des Kniepertores.

Um 1880 gab das Militär auch die Bastionen am Hafen (Fähr-, Johannis- und Knieperbastion) und die noch aus der Schwedenzeit stammende St.-Johannis-Kaserne auf. Das Mauerwerk und das Erdreich wurden zum Bau der Straßen Knieperwall, Frankenwall und Tribseer Damm, zum Ausbau des Hafens sowie zum Zuschütten von Teichen verwendet.

Ungeachtet dessen setzte man den Ausbau der Pommerschen Batterie fort. Sie war erst im Juli 1870 nördlich der Kniepervorstadt angelegt worden, als ein französisches Geschwader in der Ostsee operierte. In den noch aus der Zeit des Marine-Etablissements stammenden Wällen auf dem Kleinen Dänholm wurde die Lünette II, eine gemauerte Geschützstellung, eingebaut. Bei Grahlhof/Rügen und an der Südseite der Halbinsel Drigge entstanden neue Batterien.

Nach Berichten der *Stralsundischen Zeitung* fanden in den Gewässern bei der Insel Dänholm Seeminenübungen statt. Die Seeminen legte nicht die Marine, sondern das Pommersche Pionier-Bataillon Nr. 2 aus Stettin. Am 27. April 1881 fand von der Pommerschen Batterie aus ein Scharfschießen mit Geschützen schweren Kalibers statt. Geschossen wurde in Richtung des Kubitzer Boddens.

Um die Unterbringung der Stralsunder Garnison zu verbessern, hatte das Kriegsministerium schon 1871 den Neubau einer Kaserne angekündigt. Der Militärfiskus kaufte das erforderliche Baugelände vor dem Frankentor (Frankentor 40 und Werftstraße 13). Mit dem beim Abbruch der Heilgeistbastion und der Blauen Turmbastion gewonnenen Mauerwerk und mit Erdreich wurde das an den Flotthafen grenzende sumpfige Gelände aufgeschüttet.

Der Bau des Hauptgebäudes begann erst 1877, weil es mit den Eigentumsverhältnissen für das Baugelände Probleme gab. Nach der Beseitigung aller Hindernisse, ging der Bau schnell voran. Am 1. Juli 1881 bezogen die ersten Kompanien die Kaserne am Frankendamm, die als Frankenkaserne in die Stralsunder Geschichte einging. Die zu Kasernen hergerichteten Gebäude im Fort auf dem Paschenberg und im Rostocker Werk konnten geräumt werden.

Durch die massenhafte Einführung gezogener Kanonenrohre und der Brisanzgranaten in die Artilleriebewaffnung waren die bestehenden sowie die an den Zufahrten zum Hafen Stralsund neu angelegten Befestigungsanlagen wertlos geworden. Deshalb gab das Militär die Pommersche Batterie, das Werk auf der Schwarzen Kuppe, das Fort Grahlhof/Rügen, die Werke auf der Halbinsel Drigge, das Fort auf dem Paschenberg und das Rostocker Werk auf.

Um die Widerstandsfähigkeit der Batterie zu testen, beschoß die Versuchskompanie der Artillerie-Prüfungs-Kommission mit Mörsern ihre Gewölbe.

Am 14. Januar 1883 hielt der Garnisonspfarrer Carstedt seine Abschiedspredigt. Elf Jahre und fünf Monate war er für die Stralsunder Militärgemeinde zuständig gewesen. In der Regel fanden die Militärgottesdienste in der Heilgeistkirche statt. Die Planstelle des Garnisonspfarrers wurde am 31. Januar 1883 gestrichen.

Ein weiterer Schritt zur „Entfestigung" fand am 31. März 1886 statt: Die 2. Abteilung des 1. Pommerschen Feld-Artillerie-Regiments mit seinen vier Batterien verließ Stralsund. Das Artilleriedepot wurde aufgelöst und das Zeughaus der Stadt zum Kauf angeboten. Am gleichen Tag verließ auch das 3. Pommersche Infanterie-Regiment Nr. 14 die Stadt. Der Abtransport ging militärisch straff organisiert vonstatten. Die Einheiten fuhren vom Bahnhof mit Sonderzügen zu folgenden Zeiten ab: 4. Batterie um 04.15 Uhr, 5. Batterie um 05.30 Uhr, 6. Batterie um 06.45 Uhr, 8. Batterie um 08.45 Uhr und die beiden Infanteriebataillone um 13.30 Uhr.

Einen Tag später bezog das bis dahin in Metz stationierte 5. Pommersche Infanterie-Regiment Nr. 42 Stralsund und Greifswald als Garnisonen. Nach Stralsund kamen der Stab sowie das 1. und 2. Bataillon und nach Greifswald das Füsilier-Bataillon.

In Stralsund waren 1887 stationiert:

– der Stab, das 1. und 2. Bataillon des 5. Pommerschen Infanterie-Regiments Nr. 42;

POLIZEI

Seiten 84/85: Gerhart-Hauptmann-Schule auf der Blauen Turmbastion

Die Alte Lotsenwache wurde auf dem Fundament der Seekaponniere errichtet

– das 2. Bataillon des 1. Pommerschen Landwehr-Regiments Nr. 2;
– die Kommandantur;
– das Proviant-Amt;
– die Garnisonsverwaltung;
– die Garnisons-Bau-Inspektion;
– das Garnisonslazarett.

Der Abzug der Feldartillerie aus Stralsund nährte das Gerücht, Stralsund solle als Garnisonsstadt ganz aufgegeben werden. Von Seiten der Stadtverwaltung wurde alles unternommen, um dies zu verhindern, denn die Stadt hätte durch die Aufgabe der Garnison einen entscheidenden Wirtschaftsfaktor verloren. Mit großer Erleichterung nahm deshalb die Bevölkerung die Bekanntmachung des Extra-Blattes der *Stralsundischen Zeitung* vom 13. Dezember 1889 auf: *„Es wird hierdurch zur öffentlichen Kenntnis gebracht, daß Seine Majestät der Kaiser und König Allergnädigst geruht haben, gestern in einer Privataudienz dem Oberbürgermeister Tamms die Zusicherung des unveränderten Fortbestandes der gegenwärtigen Garnison Stralsund zu erteilen"*.

Stralsund bewarb sich in diesen Jahren auch um die Stationierung von Torpedobooten. Doch die langen Ansteuerungen zum Hafen gestatteten nicht das schnelle Auslaufen der Fahrzeuge. Swinemünde war dafür viel besser geeignet.

Im März 1890 ging der Festungskommandant, Generalmajor von Siefart, in den Ruhestand. Seine Stelle blieb unbesetzt. Am 2. Mai 1890 beendete die Kommandantur ihre Arbeit. Stralsund war keine Festung mehr. Zukünftig vertrat ein Garnisonsältester die Interessen des Militärs.

Nach der Volkszählung vom 1. Dezember 1890 lebten 27820 Personen in Stralsund. Seit der letzten Erhebung fünf Jahre zuvor, hatte sich die Bevölkerungszahl um 11948 Personen verringert. Dieser Rückgang war vor allem dem Abzug der Artillerie und der Auflösung des Artilleriedepots, der Fortifikation und der Kommandantur geschuldet.

Ehemalige Seenotrettungsstation in der Seestraße

Das „42er Regiment"

Gegenüber dem Haupteingang der Stralsunder Frankenkaserne, etwa beim heutigen Eingang zum Stadion der Freundschaft, stand bis nach 1945 ein Gravelotte-Denkmal. Es erinnerte an die Schlacht von Gravelotte – St. Privat, in der 1870 die deutschen Truppen die französische Rheinarmee in der Festung Metz eingeschlossen hatten. Die ab 1936 in der Tribseer Vorstadt für ein Infanteriebataillon (mot.) erbaute Kaserne erhielt 1938 den Namen „Prinz-Moritz-Kaserne". Außerdem wurde am 1. August 1938 an der Frankenkaserne eine „Prinz-Moritz-Tafel" enthüllt. Beide Ehrungen gingen auf das Infanterieregiment Prinz Moritz von Anhalt-Dessau (5. Pommersches) Nr. 42, das „42er Regiment", wie es im Volksmund genannt wurde, zurück. Es war das bekannteste Stralsunder Infanterieregiment.

Mitte des vergangenen Jahrhunderts bereitete sich Preußen darauf vor, die Einigung Deutschlands unter seiner Vorherrschaft notfalls mit militärischer Gewalt zu erzwingen. Dazu mußten das Heer und die Marine verstärkt werden. Der Generalstab unter dem General Helmuth von Moltke strebte eine umfassende Militärreform an, mit dem Ziel, die Komplettierung, Struktur,

Schauvitrine. Marinemuseum Dänholm

Ausbildung und Bewaffnung der Streitkräfte auf den modernsten Stand zu bringen. Doch das preußische Abgeordnetenhaus verweigerte seine Zustimmung, insbesondere wegen der zusätzlichen finanziellen Ausgaben.

Als Österreich und Frankreich 1859 in Oberitalien Krieg führten, ordnete Preußen die Mobilmachung an, griff aber nicht an der Seite seines Bundesgenossen Österreich in den Krieg ein. Nach Abschluß des Krieges blieben die preußischen Landwehrregimenter als aktive Regimenter im Dienst. Damit setzte der preußische Generalstab die Heeresverstärkung auf „andere Art" durch.

Aus den damaligen Landwehrbataillonen Stettin, Stralsund und Anklam entstand im Gefolge dieser Heeresverstärkung unter Zuversetzung von Personal des 2. Infanterie-Königsregiments das 2. Landwehr-Stammregiment. Am 5. Mai 1860 wurde es in das 2. kombinierte Infanterie-Regiment umbenannt. Ab dem 4. Juli 1860 trug es die Bezeichnung 5. Pommersches Infanterie-Regiment (Nr. 42). Seit diesem Tag gilt der 4. Juli als der Geburtstag des Regiments. In den folgenden Jahrzehnten waren der Stab, das II. Bataillon sowie das Füsilier-Bataillon in Stralsund und das I. Bataillon in Stettin stationiert.

Der erste Einsatz ließ nicht lange auf sich warten. Am 22. Januar 1863 begann im Königreich Polen ein Aufstand gegen die zaristische Fremdherrschaft. Preußen befürchtete, daß dieser Aufstand auch auf seine damaligen polnischen Gebiete übergreifen könnte, und deshalb schickte man Truppen in die östlichen Provinzen, um die Grenze nach Rußland abzuriegeln. Zu diesen Truppenteilen gehörte ab Juli 1863 auch das Stralsunder Regiment.

Unterdessen spitzten sich die Beziehungen zwischen Dänemark und dem Deutschen Bund um die Herzogtümer Schleswig, Holstein und Lauenburg zu. In den letzten Dezembertagen des Jahres 1863 wurde das Regiment nach Stralsund zurückbeordert. Am 1. und 2. Januar 1864 besetzten die 1. und 4. Kompanie (I. Bataillon) die Drigger und die Prosnitzer Schanzen.

Am 1. Februar 1864 begann der Krieg Preußens und Österreichs gegen Dänemark. Mitte des Monats verlegten auch der Stab des I. Bataillons und die 2. und 3. Kompanie nach Rügen. Zu ihrer Verstärkung traf vom 2. Pommerschen Ulanen-Regiment Nr. 9 die 4. Eskadron ein. Gemeinsam bezogen sie an der Ostküste Rügens zwischen Altenkirchen und Thiessow ihre Verteidigungsstellungen .

Ende Juni 1864 verdichteten sich Anzeichen für eine bevorstehende dänische Landung auf Rügen. Deshalb erhielten weitere preußische Truppenteile den Befehl, nach Rügen zu verlegen, so das Garde-Füsilier-Regiment, das Garde-Jäger-Bataillon, zwei Bataillone des 3. Pommerschen Infanterie-Regiments Nr. 14, zwei Batterien des Garde-Feldartillerie-Regiments und eine Batterie des Pommerschen Feldartillerie-Regiments Nr. 2. Außerdem lag die Königlich Preußische Marine bereit, um die mögliche Landung zu vereiteln.

Indessen nahmen auf dem jütischen Kriegsschauplatz die Verbündeten die Insel Alsen ein und eroberten die Halbinsel Jütland. Die Dänen mußten sich nach Fünen zurückziehen. Sie waren nicht mehr in der Lage, eine Wende im Kriegsverlauf herbeizuführen. Nach Abschluß des Vorfriedens am 1. August 1864 verlegte das I. Bataillon von Rügen zurück nach Stralsund, und am 29. November 1864 traf es in seiner neue Garnison Swinemünde ein.

Im Krieg Preußens gegen Österreich 1866 gehörte das „42er Regiment" zur 1. Armee Preußens. Der Aufstellungsraum befand sich in der Lausitz. Mit dem Überschreiten der Grenzen zum Königreich Sachsen am 17. und 18. Juni 1866 stand das Regiment im Krieg. In Böhmen nahm es am Gefecht von Gitschin am 29. Juni 1866 und an der Schlacht von Königgrätz am 3. Juli 1866 teil. Die österreichischen Truppen erlitten bei Königgrätz eine schwere Niederlage. Das Regiment beteiligte sich an der Verfolgung der österreichischen Truppen. Sein Weg führte über Brünn bis vor die Tore von Wien. Dort wartete es auf den Befehl zum Angriff auf die österreichische Hauptstadt. Doch Preußen und Österreich schlossen am 22. Juli 1866 den Waffenstillstand und am 23. August 1866 den Frieden zu Prag. Das Regiment kehrte in die Heimat zurück. Am 9. September 1866 trafen die Sieger, bejubelt von den Einwohnern, in Stralsund und Swinemünde ein.

Preußen hatte seinen Hauptkonkurrenten Österreich ausgeschaltet und in Deutschland die politische und militärische Vorherrschaft errungen. Die deutschen Staaten nördlich des Mains schlossen sich am 24. Februar 1867 unter der Führung Preußens zum Norddeutschen Bund zusammen. Diesem erklärte Napoleon III. am 19. Juli 1870 den Krieg. Damit wollte er die nationalstaatliche Einigung Deutschlands verhindern.

Das „42er Regiment" verlegte in die Pfalz und nahm am 18. August 1870 an der Schlacht von Gravelotte – St. Privat teil. Über zwei Monate gehörte das Regiment zu den Belagerungstruppen von Metz. Es erlebte den Ausmarsch der geschlagenen französischen Truppen nach der Kapitulation der Festung am 27. Oktober 1870. Wenige Tage später erhielt das Regiment den Befehl zur Verlegung nach Paris. Hier verstärkte es den Belagerungsring um die französische Hauptstadt im Knie zwischen der Marne und der Seine. Das Regiment nahm an der Schlacht von Villiers-Champigny vom 30. November bis 2. Dezember 1870 teil, durch die der Ausbruch der Franzosen in östliche Richtung verhindert wurde.

Am 2. Januar 1871 zog man das Regiment aus dem Belagerungsring von Paris ab und unterstellte es der preußischen Südarmee. Diese verhinderte ein Vordringen der französischen Loirearmee nach Paris.

Als im Spiegelsaal von Versailles am 18. Januar 1871 das Deutsche Reich proklamiert wurde, kämpfte das „42er Regiment" in Südostfrankreich bei Dijon. Die deutsche Südarmee drückte die französische Ostarmee immer wei-

Exerzierplatz am Hafen der Insel Dänholm

Das Semlower Tor

ter an die schweizerische Grenze. Die Franzosen entzogen sich schließlich der Kapitulation durch den Übertritt in die Schweiz.

Nach dem Vorfrieden von Versailles am 26. Februar 1871 (endgültiger Frieden von Frankfurt/M. am 10. Mai 1871) blieb das Regiment im südöstlichen Frankreich als Besatzungstruppe. Am 14. März 1871 sprach es sich wie ein Lauffeuer im Regiment herum, daß es nicht in die Heimat zurückkehren würde. Das Regiment erhielt Metz als neuen Garnisonsstandort zugewiesen. Vom 10. bis 13. Juni 1871 rückten die Bataillone in Metz ein. In Pommern wären die siegreichen Truppen bejubelt worden, in Metz zeigten sich kaum Einwohner auf der Straße, auch die Geschäfte blieben geschlossen.

Erst nach 15 Jahren kehrte das „42er Regiment" nach Pommern zurück. Der Stab, das I. und II. Bataillon bezogen in Stralsund und das Füsilier-Bataillon (1889 in III. Bataillon umbenannt) in Greifswald ihre Quartiere.

Am 27. Januar 1889 erhielt das Regiment den Ehrennamen „Prinz Moritz von Anhalt-Dessau". Prinz Moritz erblickte am 31. Oktober 1712 das Licht der Welt. Sein Vater, Leopold von Anhalt-Dessau, ging als der „Alte Dessauer" und Exerziermeister der preußischen Armee in die Kriegsgeschichte ein. Schon mit elf Jahren lernte Prinz Moritz den Militärdienst kennen. Unter dem preußischen König Friedrich II. nahm er an den Kriegen jener Jahrzehnte teil und avancierte zum General. Während der Schlacht von Leuthen/Schlesien am 5. Dezember 1757 beförderte ihn Friedrich II. für seine militärischen Verdienste zum Feldmarschall. In der für Preußen verlustreichen Schlacht bei Hochkirch in der Lausitz am 14. Oktober 1758 erlitt Prinz Moritz schwere Verwundungen. Ein Krebsleiden kam hinzu. Am 11. April 1760 verstarb der Feldmarschall mit noch nicht einmal 48 Jahren.

In den 80er und 90er Jahren verbesserten sich in Stralsund und Greifswald die Unterbringungsbedingungen für das Regiment. Die Stralsunder Frankenkaserne konnte am 1. Juli 1881 teilweise und ab dem 15. Dezember 1881 vollständig bezogen werden. In Greifswald erhielt am 1. Januar 1891 das III. Bataillon die neue Kaserne im Stadtzentrum (heute Martin-Andersen-Nexö-Platz 11, Sitz des Vorpommerschen Landesarchivs).

1894/95 wurden die Marinekasernen auf dem Dänholm erweitert und modernisiert. Dies war die Voraussetzung, daß am 1. Oktober 1894 das ehemalige Offiziersdienstgebäude und am 1. Oktober 1895 die Sternschanze (heute Marinemuseum Dänholm) und das Wäschemagazingebäude mit je einer Kompanie belegt werden konnten.

Erstmalig fand 1892 das Regimentsexerzieren bei Stralsund statt. Das Regiment übte den Krieg auf der Langendorfer Flur. Bei der anschließenden Brigadeübung setzten die Truppen mit Oderkähnen nach Rügen über. Vier Jahre später gehörte das Gefechtsschießen auf Zingst zum ständigen Ausbildungsprogramm.

Im Rahmen einer Heeresverstärkung erhielten am 1. Oktober 1893 die Infanterieregimenter ein IV. Bataillon. Die IV. Bataillone bestanden nur aus zwei Kompanien (13. und 14. Kompanie). Das IV. Bataillon des „42er Regiments" bezog in der Frankenkaserne Quartier. Vier Jahre später, am 1. April 1897, wurden aus den IV. Bataillonen neue Regimenter aufgestellt. Die beiden Stralsunder Kompanien gehörten nun zum Infanterieregiment Nr. 148.

Zur Niederschlagung des „Boxeraufstandes" in China (1900/01) und der Aufstände der Hereros und Hottentotten in der deutschen Kolonie Südwestafrika (1904-1908) meldeten sich auch Freiwillige aus dem Stralsunder Regiment.

Ein großes Ereignis für die Stralsunder war die Fünfzigjahrfeier des Regiments am 4. Juli 1909. Aus diesem Anlaß fanden eine Parade und der Feldgottesdienst auf dem Hof der Frankenkaserne statt, außerdem gab es Vorführungen auf dem Dänholm und Treffen mit Veteranen. Zu Ehren der in Südwestafrika gefallenen Regimentskameraden enthüllte man auf dem Frankenhof einen Gedenkstein. Außerdem erhielt die Nachbildung des auf den Schlachtfeldern von Gravelotte stehenden Denkmals die Weihe.

Das Regiment nutzte das ehemalige Zeughaus in der Kirche des Katharinenklosters (jetzt Deutsches Museum für Meereskunde und Fischerei) als Kleiderkammer. Weil der Weg dahin zu weit und die Lagermöglichkeiten ungünstig waren, errichtete man in der Brückenschanze ein neues Kammergebäude, das 1904 den Betrieb aufnahm.

Auch verbesserten sich die Bedingungen für die Schießausbildung. Auf dem Schießstand Franzenshöhe konnte 1909 eine Schießbahn auf 400 Meter verlängert werden. Auf dem Dänholm war im Oktober 1909 ein Infanterieschießstand mit zwei Bahnen fertiggestellt worden. Das Regiment erhielt am 1. Oktober 1913 eine Maschinengewehrkompanie.

Der 2. August 1914 war für das „42er Regiment" wieder ein Tag der Mobilmachung. Am 7. und 8. August 1914 verließ das Regiment mit 79 Offizieren, 3298 Unteroffizieren und Mannschaften, 236 Pferden, sieben Maschinengewehren und drei Munitionswagen Stralsund und Greifswald. Mit der Eisenbahn ging es nach Westen bis in die Gegend von Aachen.

Das „42er Regiment" gehörte zur 1. deutschen Armee. Die Armee bildete den rechten Flügel der an der belgischen und französischen Grenze aufmarschierten deutschen Truppen. Nach dem Schlieffen-Plan hatte die 1. deutsche Armee die Aufgabe, zügig durch Belgien in Richtung Amiens vorzustoßen, um gemeinsam mit den anderen deutschen Armeen Paris einzuschließen und so einen schnellen Siegfrieden zu erringen. Die französischen Truppen vereitelten in mehreren Schlachten und Gefechten den Blitzkriegsplan und stoppten den deutschen Angriff. Das „42er Regiment" nahm u.a. an der Marneschlacht und an der Schlacht von Ypern teil.

Die Westfront erstarrte zu einem über mehrere Jahre andauernden mörderischen Stellungskrieg.

Im November 1914 wurde das „42er Regiment“ an die Ostfront verlegt. Dort kämpfte es bis 1916 im mittleren Abschnitt. Im Herbst 1916 verlegte man es nach Mazedonien, und es nahm dort an der Seite bulgarischer Truppen an mehreren Schlachten teil. Im Juni 1917 erhielt es den Befehl, an die rumänische Front zu verlegen. Nach dem Waffenstillstand an der rumänischen Front am 10. Dezember 1917, blieb das Regiment bis März 1918 dort. Im April 1918 wurde das Regiment an die Westfront nach Flandern geworfen. Dort erlebte es erneut den Stellungskrieg und später dann den Rückzug der geschlagenen deutschen Truppen.

Am 11. November 1918 unterzeichnete Deutschland den Waffenstillstand. Der Erste Weltkrieg endete mit einer vollständigen Niederlage Deutschlands und seiner Verbündeten.

Im November 1918 trat das „42er Regiment“ den Rückmarsch in die Heimat an und überschritt am 24. November den Rhein. Durch Entlassungen und Auflösungserscheinungen dezimierten sich seine Reihen. Am 2. Januar 1919 begrüßten die Honoratioren Stralsunds, der Soldatenrat und die Bevölkerung auf dem Alten Markt den ersten Teil des Regiments. Das Zeremoniell endete mit einem Vorbeimarsch. Das II. Bataillon traf am 5. Januar 1919 in Stralsund ein. Das „42er Regiment“ bezog die Kasernen auf dem Dänholm. Seit dem 6. Januar 1919 gehörte es zu den deutschen Streitkräften, die zu demobilisieren waren. Bis zum 6. März 1919 war das Regiment aufgelöst.

Der Kleine Kreuzer STRALSUND

Fünf Kriegsschiffe führten bis heute den Namen STRALSUND: die in schwedischen Diensten stehende Segelfregatte, der Kriegsschoner der Königlich Preußischen Marine, ein Kleiner Kreuzer der Kaiserlichen Marine, ein Hilfsminenleger der deutschen Kriegsmarine (das frühere Eisenbahnfährschiff DEUTSCHLAND der Linie Sassnitz-Trelleborg), ein Minenleg- und Räumschiff (MLR-Schiff) der Seestreitkräfte/Volksmarine sowie ein Minensuch- und Räumschiff der Seestreitkräfte/Volksmarine.

Der Kleine Kreuzer STRALSUND (Typschiff MAGDEBURG) lief am 4. Oktober 1911 bei der Aktiengesellschaft Weser in Bremen vom Stapel. Die Namensverleihung war eine Referenz der Marine an die Hansestadt Stralsund, denn hier war einst die Königlich Preußische Marine entstanden.

In seiner Taufrede, die die *Stralsundische Zeitung* am 5. November 1911 veröffentlichte, sagte der Stralsunder Oberbürgermeister Gronow: *„Allzeit wird Stralsunds Bürgerschaft dieses stolze Schiff mit den besten Wünschen auf allen seinen Wegen begleiten, mögen es Wege des Friedens oder des Kampfes sein – wir hoffen des Friedens; bedeutet doch jedes neue Schiff der deutschen Reichsmarine eine weitere Bürgschaft für die Erhaltung des Friedens“.*

Kleiner Kreuzer STRALSUND

Damals versuchte Deutschland, durch ein abenteuerliches Wettrüsten Englands Seeherrschaft streitig zu machen. Den Kern des Flottenwettrüstens bildete der Bau von Großkampfschiffen für die Schlachtflotten. Aber auch die leichten Überwasserkräfte, U-Boote und die anderen Kräfte und Mittel des Seekrieges gehörten zum Rüstungsprogramm. Deutschland setzte dabei vor allem auf Qualität im Kriegsschiffbau.

Der Amtsentwurf für die Kleinen Kreuzer MAGDEBURG, BRESLAU, STRALSUND und STRASSBURG entstand unter der Leitung des Geheimen Oberbaurates Dr. Ing. Hans Bürkner. Sein Entwurf war eine qualitative Weiterentwicklung der bisherigen Kreuzerkonstruktionen. Die Schiffe erhielten auf 80% ihrer Länge einen Seitenpanzer. Durch das Längsspantensystem sparte man Gewicht ein. Bürkner verzichtete auf einen bisher üblichen Rammsteven und entschied sich für einen geraden Steven *(Kreuzerbug)*. Mit einem Verhältnis von Länge zu Breite von 10 : 1 zählten die Kreuzer zu den schlanken Schiffen. Sie erhielten leistungsfähigere Turbinensysteme, einen vierten Schornstein und Minenabwurfeinrichtungen. Obwohl in Großbritannien vergleichbare Schiffstypen bereits mit 15-cm-Geschützen ausgerüstet waren, erhielten diese vier Kleinen Kreuzer 10,5-cm-Schnellfeuerkanonen. Damit sollten sie Angriffe von Torpedobooten besser abwehren können. Bei den Erprobungen und ihren späteren Kampfeinsätzen erwiesen sich die Kleinen Kreuzer als gute Seeschiffe. Sie manövrierten leicht, lagen gut in der See und verloren gegen die See nur wenig an Fahrt.

Die STRALSUND wurde am 10. Dezember 1912 in Dienst gestellt. Bei den sich anschließenden Erprobungen erreichte das Schiff beim Meilelaufen die beachtliche Geschwindigkeit von 28,277 Knoten. Nach Abschluß der Probefahrten gehörte der Kleine Kreuzer ab dem 15. Februar 1913 zum Verband der Aufklärungsschiffe und nahm bis zum Ausbruch des Ersten Weltkrieges an allen Manövern und Übungen der deutschen Hochseeflotte in der Nord- und Ostsee teil.

Im Juli 1914 befand sich der Kreuzer auf der Sommerreise in norwegischen Gewässern. Die Besatzung freute sich auf eine Woche Entspannung mit Ausflügen in die Bergwelt der norwegischen Fjorde. Doch daraus wurde nichts. Deutschland stand kurz vor dem Krieg. Am 26. Juli 1914 verlegte die STRALSUND gemeinsam mit anderen deutschen Kriegsschiffen zurück nach Wilhelmshaven, übernahm dort Kohlen, Proviant und Wasser und reihte sich in die Sicherung der Elbmündung ein.

Bei Kriegsbeginn gehörte die STRALSUND zur II. Aufklärungsgruppe. Ihr erster Kampfeinsatz fand vom 17. bis 19. August 1914 statt. Gemeinsam mit dem Kleinen Kreuzer STRASSBURG und den U-Booten U 19 und U 24 hatte sie bis in die Hoofden (Teil der Nordsee) vorzustoßen, um das britische Bewachungssystem am Kanaleingang aufzuklären und die Überführung der Truppen von England nach Frankreich zu stören. Die STRALSUND erhielt dabei in einem Schußwechsel mit britischen Zerstörern die Feuertaufe.

Am 28. August 1914 brach ein britischer Flottenverband mit Schlachtkreuzern und Kleinen Kreuzern in die Sicherung der Deutschen Bucht ein und rollte sie auf. Dabei gingen die Kleinen Kreuzer CÖLN, MAINZ und ARIADNE sowie das Torpedoboot V 187 verloren. Die STRALSUND lag in Wilhelmshaven, ging um 11.00 Uhr durch die Schleuse und eilte den unterlegenen deutschen Schiffen zur Hilfe. Dabei kam es zu einem kurzen Feuerwechsel mit drei britischen Kreuzern. Der Kleine Kreuzer STRALSUND erhielt einen Treffer, der aber keinen größeren Schaden anrichtete. Gemeinsam mit dem Kleinen Kreuzer DANZIG beteiligte er sich an der Rettung der Besatzung der ARIADNE.

Mitte September 1914 mußten an der Ostfront in Galizien die österreichisch-ungarischen Truppen vor den Angriffen der Russen zurückweichen, und es bestand die Gefahr, daß russische Truppenkontingente aus dem Baltikum nach Galizien verlegt und dadurch sich die Angriffe auf die österreichisch-ungarischen Streitkräfte verstärken würden. Deshalb erhielt der Oberbefehlshaber der Ostseestreitkräfte, Großadmiral Prinz Heinrich, den Befehl zu Demonstrationshandlungen vor der russischen Küste. Er hatte die Order, eine Landung im Raum Windau vorzutäuschen. Seinem Flottenverband wurden von der Hochseeflotte das IV. und V. Geschwader, mehrere Kleine Kreuzer und Torpedoboote unterstellt, darunter auch die STRALSUND.

Das Unternehmen erstreckte sich vom 20. bis zum 26. September 1914. Der Kleine Kreuzer STRALSUND gehörte zu den Schiffen, die zwischen Gotland und dem Rigaer Meerbusen auf der Breite von 58 Grad Nord eine Vorpostenlinie besetzten. Demonstrative Handlungen fanden vor Windau statt, ohne daß dabei Truppen an Land gingen. Die russische Baltische Flotte verhielt sich passiv und störte das Unternehmen nicht.

Als Meldungen eintrafen, britische Kriegsschiffe seien im Kattegat gesichtet worden, brach man das Unternehmen ab. Die deutschen Ostseestreitkräfte bezogen nun in der westlichen Ostsee Positionen, um die eindringenden britischen Kriegsschiffe zum Kampf zu stellen. Doch die Aufklärungsmeldungen waren falsch, und die Kräfte der Hochseeflotte, so auch die STRALSUND, liefen in die Nordsee ab.

In den folgenden Monaten nahm die STRALSUND an allen größeren Einsätzen in der Nordsee teil. Bei der ersten Flottenunternehmung am 2. und 3. November 1914 stießen die I. und die II. Aufklärungsgruppe bis zur englischen Ostküste bei Great Yarmouth und Lowestoft vor. Während die Schlachtkreuzer die Küste beschossen, verminte die STRALSUND die Zufahrt nach Great Yarmouth.

Am 20. November, am 9. und am 10. Dezember 1914 war der Kleine Kreuzer STRALSUND an Aufklärungsunternehmen nordwestlich von Helgoland beteiligt. Das Ziel war, die britischen Blockadestreitkräfte in der Deutschen Bucht aufzuklären, aber die deutschen Kriegsschiffe stießen ins Leere.

Der Kleine Kreuzer STRALSUND war auch an der zweiten Flottenunternehmung der I. und II. Aufklärungsgruppe am 15. und 16. Dezember 1914 beteiligt. Dabei nahm er nordwestlich von Helgoland das wassernde Flugzeug Nr. 76 auf. Das Flugzeug konnte jedoch nicht wieder starten, weil seine Schwimmer beschädigt waren. Bei dem Vorstoß zur englischen Ostküste hatte die STRALSUND Gefechtsberührung mit britischen Kreuzern.

Ein abenteuerliches Unternehmen war der Vorstoß der Kleinen Kreuzer STRALSUND und STRASSBURG zur britischen Ostküste am 14. und 15. Januar 1915. Die STRASSBURG sollte 120 Minen vor der Humbermündung legen. Wegen des schweren Wetters mußten die zur Unterstützung beigegebenen Torpedoboote zurückbleiben. Im Kielwasser der STRALSUND warf die STRASSBURG bei einer Geschwindigkeit von 24 Knoten und vom Gegner unbemerkt ihre Minen. Beide Schiffe und die Torpedoboote kehrten unversehrt vom Einsatz zurück.

Eigentlich wollte der Befehlshaber der Aufklärungsschiffe, Konteradmiral Hipper, bei der dritten großen Flottenunternehmung am 23. und 24. Januar 1915 britische Fischer und leichte Seestreitkräfte von der Doggerbank vertreiben. Er traf jedoch auf einen überlegenen britischen Flottenverband unter der Führung des Vizeadmiral Beatty, der Hipper zum Kampf stellte und ihn zum Rückmarsch zwang. Die Deutschen verloren den Großen Kreuzer BLÜCHER. Der Große Kreuzer SEYDLITZ erhielt schwere Beschädigungen. Der Kleine Kreuzer STRALSUND marschierte gemeinsam mit dem Kleinen Kreuzer GRAUDENZ drei Seemeilen vor den Hauptkräften. Im Gefecht lag er unter dem Feuer der britischen Schlachtkreuzer. Er kam mit unwesentlichen Splitterschäden davon. Beim Rückmarsch gehörte er zu den Deckungskräften.

Am 17. März 1915 griffen russische Truppen Memel an und nahmen die Stadt ein. Zufällig lag die II. Aufklärungsgruppe zu dieser Zeit in Kiel. Sie, und mit ihr der Kleine Kreuzer STRALSUND, beorderte man in das Seegebiet vor Memel. Als die russischen Truppen Memel wieder räumten und sich entlang der Küste nach Norden zurückzogen, bat die Armeeführung um Feuerunterstützung im Raum Polangen. Am 23. März 1915 gehörte die STRALSUND zu den Schiffskräften, die in den Morgenstunden die Küste beschossen.

In den folgenden Monaten nahm der Kleine Kreuzer STRALSUND an vielen Operationen in der Nordsee teil, so an Aufklärungsvorstößen und offensiven Minenunternehmungen. Beim Legen von Minensperren gehörte der Kreuzer zu den Sicherungskräften. Vor dem Rigaer Meerbusen entging das Schiff nur knapp einem Torpedoangriff des britischen U-Bootes E 1.

Vom 16. bis 18. Dezember 1915 unternahm die II. Aufklärungsgruppe, unterstützt durch Torpedoboote, von der Deutschen Bucht aus einen Vorstoß in das Skagerrak. Ihre Aufgabe war es, den Handelsverkehr zwischen den neutralen skandinavischen Staaten und England zu kontrollieren und Bannware zu beschlagnahmen. Etliche Dampfer und Segelschiffe wurden durchsucht, auch einige zu Prisen erklärt. Einfluß auf den Schiffsverkehr zwischen Skandinavien und den britischen Inseln hatte das Unternehmen jedoch kaum. Die Kriegsschiffe liefen, und das ist bemerkenswert, mit dänischer Genehmigung durch den Kleinen Belt nach Kiel.

Vom 21. Februar bis zum 17. Juni 1916 lag die STRALSUND in der Kaiserlichen Werft in Kiel, dort wurden die 10,5-cm-Geschütze durch 15-cm-Schnellfeuerkanonen ersetzt. Um den notwendigen Platz für das Buggeschütz zu schaffen, mußte die Back um zehn Meter verlängert werden. Außerdem baute man auf dem Steuerhaus einen Nachtleitstand auf und verlegte die Torpedorohre auf das Mitteldeck.

Während die STRALSUND in der Werft lag, tobte die Seeschlacht vor dem Skagerrak. Die deutsche Hochseeflotte konnte sich danach nicht mehr aus der britischen Umklammerung befreien und blieb bis Kriegsende in der Deutschen Bucht eingesperrt.

Am 6. Juli 1916 kehrte der Kleine Kreuzer STRALSUND wieder einsatzbereit in die Nordsee zurück. Einzelne Vorstöße in die mittlere Nordsee, Minenlegen, Vorpostenaufgaben und Deckung der Minensucher bestimmten in den folgenden Monaten die Tätigkeit der Besatzung. Am 12. September 1916 bekam die STRALSUND ein Flugzeug an Bord. Bei einem Vorstoß vom 18. bis 20. Oktober 1916 östlich der Doggerbank wurde es erstmalig zur Luftaufklärung eingesetzt.

Bei der Sicherung von Minensuchern erhielt das Schiff am 2. Februar 1918 einen Minentreffer. Zwei Abteilungen liefen voll Wasser. Trotzdem erreichte es mit eigener Kraft Wilhelmshaven. Nach der Reparatur begann am 27. April 1918 die Besatzung wieder mit der Seeausbildung.

In den Monaten Mai und Juni 1918 war das Schiff in der östlichen Ostsee eingesetzt. Hier herrschte nach der Unterzeichnung des Vertrages von Brest-Litowsk am 3. März 1918 Waffenruhe. Deutsche Kriegsschiffsbesatzungen unterstützten die Niederschlagung der revolutionären Kräfte in Finnland. Zeitweilig nutzte der Befehlshaber der Baltischen Gewässer, Konteradmiral von Ußlar, den Kleinen Kreuzer STRALSUND als Führerschiff. Er unternahm mit dem Kleinen Kreuzer eine Rundreise und lief dabei Reval, Hangö, Åbo, Mariehamn, Lakskaer, Windau und Libau an.

Im Sommer 1918 begannen die Vorbereitungen für das Unternehmen „Schlußstein". Mit Zustimmung der sowjetrussischen Regierung sollten deutsche Einheiten gegen die in Murmansk gelandeten britischen Truppen vorgehen. Die deutsche Seite forderte darum, Petrograd und Kronstadt als Ausgangsbasis nutzen zu können. Der Stab des dafür extra zusammengestellten

Sonderverbandes schiffte sich auf dem Kleinen Kreuzer STRALSUND ein. Am 12. August 1918 begannen die Minenräumarbeiten im inneren Teil des Finnischen Meerbusens. Als aber die deutsche Balkanfront unter schweren Druck der Entente-Mächte geriet, gab man das Unternehmen am 27. September 1918 auf.

Im November 1918 erhielt die Mannschaft der STRALSUND einen direkten Kontakt zu den revolutionären deutschen Matrosen und Soldaten. Das Schiff lag auf der Reede von Reval und hatte die Seekriegsflagge gesetzt. Der Revaler Soldatenrat forderte, die Flagge niederzuholen und die rote Flagge der Revolution zu hissen. Diese Aufforderung lehnte der Kommandant ab. Als daraufhin der Soldatenrat mit dem Beschuß durch die Küstenforts drohte, ließ der Kommandant die schwarz-weiß-rote deutsche Handelsflagge setzen.

In der Nacht vom 11. zum 12. November 1918 verließ die STRALSUND heimlich die Reede von Reval und lief nach Libau, um dort die zur Reparatur abgegebenen Schuhe der Besatzungsangehörigen abzuholen(!). Am 13. November 1918 erreichte der Kreuzer die Reede Swinemünde, und am 14. November 1918 traf er um 03.00 Uhr in Kiel ein. Am 26. November 1918 wurden auf dem Kleinen Kreuzer STRALSUND die Flaggen und Wimpel niedergeholt, der größte Teil der Besatzung entlassen und das Schiff am 17. Dezember 1918 außer Dienst gestellt. Die STRALSUND mußte als Kriegsbeute an Frankreich abgeliefert werden. Am 5. November 1919 wurde der Kleine Kreuzer aus der Liste der deutschen Kriegsschiffe gestrichen. Vom 3. August 1920 bis zum 15. Februar 1933 gehörte das Schiff unter seinem neuen Namen MULHOUSE zur französischen Marine. Der Kreuzer wurde am 15. Februar 1933 außer Dienst gestellt und anschließend abgewrackt.

Um die Schiffsglocke der STRALSUND rankt sich eine besondere Geschichte. Als die Marine-Kameradschaft *Kreuzer STRALSUND* 1955 auf dem Friedhof in Preetz/Holstein ihren Kameraden Schmölcke das letzte Geleit gab, fiel dem Pastor Fitzner auf der Kranzschleife der Name S.M.S. STRALSUND auf.

Nach der Trauerfeier erzählte der Pastor die folgende Begebenheit: Nach 1945 hatte der Pastor des benachbarten Ortes Raisdorf in einer Baracke für katholische Flüchtlinge aus Schlesien eine Kapelle eingerichtet. Aber es fehlte eine Glocke. Er bat deshalb einen befreundeten britischen Offizier, vom „Glockenfriedhof" in Hamburg eine kleine Glocke zu beschaffen. Der Offizier fand eine Glocke, nämlich die des Kleinen Kreuzers STRALSUND, und so wurde die Schiffsglocke zu einer Kirchenglocke.

Nachdem in Raisdorf eine neue Kirche erbaut worden war, erhielt die STRALSUND-Crew ihre Glocke zurück. Sie übergab sie danach dem Marine-Ehrenmal Laboe, wo sie sich noch heute befindet.

Auch die Flagge des Kleinen Kreuzers STRALSUND ist inzwischen in ihre Heimatstadt zurückgekehrt. Der letzte Überlebende der Besatzung, Herr

W. Roger aus Hamburg, übergab sie dem Marinemuseum Dänholm in Stralsund. Dort wurde die Flagge 1998 innerhalb der Sonderausstellung über den Kleinen Kreuzer STRALSUND der Öffentlichkeit präsentiert.

Modell des Kleinen Kreuzers STRALSUND.
Marinemuseum Dänholm

Die neue Marinegarnison

Stralsund, eine Hafen-, Beamten-, Ackerbürger- und Garnisonsstadt schwedisch-pommerscher Prägung, lag fern von den revolutionären Ereignissen, die in Deutschland nach dem Ersten Weltkrieg aufflammten. Enttäuschung über den verlorenen Krieg und die Trauer um die sinnlosen Kriegsopfer bestimmten das Fühlen und Denken vieler Einwohner. Hunger, Not und Elend griffen immer mehr um sich. Schieber und Spekulanten bereicherten sich schamlos. Revolutionäre Ideen fielen nur hier und da auf fruchtbaren Boden, vor allem unter den Arbeitern und den ärmsten Schichten.

In Stralsund wurde im Anschluß an eine revolutionäre Kundgebung auf dem Alten Markt am 9. November 1918 ein Arbeiter- und Soldatenrat gebildet, doch einen wesentlichen Einfluß auf die Geschicke der Stadt erlangte er nicht. Nach den Wahlen zur Nationalversammlung am 19. Januar 1919 und zum Bürgerschaftlichen Kollegium der Stadt Stralsund am 2. März 1919 stellte er seine Tätigkeit am 5. März 1919 ein.

Das „42er Regiment" gehörte zu den aufzulösenden Truppenteilen. Die Abwicklungsstelle in der Frankenkaserne übernahm die Eingliederung der Soldaten ins Zivilleben, das für viele jedoch vor allem Arbeitslosigkeit bedeutete. Da war es nicht verwunderlich, daß sich viele für den Dienst in den Freikorps anwerben ließen. Nur ein geringer Teil der Soldaten konnte in die neu zu formierenden deutschen Streitkräfte, die von den Siegermächten auf eine Stärke von 100000 Mann festgelegt worden war, übernommen werden. Die Grundlage für die Aufstellung deutscher Streitkräfte waren die Gesetze vom 6. März 1919 über die vorläufige Reichswehr und vom 16. April 1919 über die vorläufige Reichsmarine.

In Stralsund blieb das III. Bataillon des neu formierten Reichswehr-Schützen-Regiments Nr. 4 als Garnison. Im Winter 1919/20 leerten sich die Kasernen auf dem Dänholm. Das Offiziersgefangenenlager, das sich im Krieg dort befand, hatte man längst aufgelöst. Auch das Durchgangslager für Kriegsgefangene wurde nicht mehr benötigt. Die Abwicklungsstelle für eine Flakabteilung in der Brückenschanze hatte ihre Arbeit getan. Es mehrten sich die Anzeichen, daß Stralsund als Standort für die neu zu bildende Reichswehr nicht mehr berücksichtigt werden sollte. Wieder einmal unternahmen die Stralsunder Stadtväter alles, um den Erhalt der Garnison zu sichern.

Beim Ausbruch des Kapp-Lüttwitz-Putsches im März 1920 trat die Stralsunder Garnison auf die Seite der Putschisten über und verzögerte den Generalstreik in Stralsund, aufhalten konnte sie ihn jedoch nicht mehr. Mitte des Jahres 1920 stand fest: Die Reichswehr gibt Stralsund als Garnison auf, und die Marine kehrt in die Seestadt am Sund zurück. Die Reichswehr verabschiedete sich von der Stralsunder Bevölkerung am 19. August 1920 mit einem Reiterfest auf dem Dänholm. Am 9. September 1920 verließen die letzten Einheiten die Stadt.

Die Orientierung der neuen Reichsmarine auf Stralsund als ständigen Stationierungsort ergab sich aus der in der Ostsee neu entstandenen strategischen Lage. Ostpreußen war vom deutschen Kerngebiet losgelöst und nur noch über den Seeweg zu erreichen. Polen und die baltischen Staaten begannen mit dem Aufbau eigener Flotten. Sowjet-Rußland kämpfte unter ungeheuren Anstrengungen um den Erhalt der politischen Macht. Danzig, der traditionelle Schiffbau- und Stationierungsort der Kaiserlichen Marine, war von Deutschland abgetrennt und seit 1920 der Verwaltung des Völkerbundes unterstellt.

Am 10. Oktober 1920 traf eine Vorausabteilung der neuen Marinegarnison in Stralsund ein. Die örtliche Presse meldete am 13. Oktober 1920, daß der Kapitänleutnant Lothar von Arnauld de la Periére, einer der erfolgreichsten U-Boot-Kommandanten des Ersten Weltkriegs, das vorläufige Kommando über die Garnison übernommen habe.

Lothar von Arnauld de la Periére gehörte der III. Marinebrigade (Brigade von Loewenfeld) an, die im Februar 1919 als Freiwilligen-Brigade in Kiel für den

Kriegsflagge der Reichsmarine. 1922-1933

Bereich der Ostsee aufgestellt worden war. Diese Brigade nahm auch an der Zerschlagung revolutionärer Kräfte teil, so u. a. im März und April 1920 an der Niederschlagung der Roten Ruhrarmee. Die Freikorps mußten danach auf Druck der Siegerstaaten offiziell aufgelöst werden. Ein Teil der Freikorpsmitglieder wurde in die Marine-Landstreitkräfte und in die Schiffstammdivisionen übernommen.

Am 22. Oktober 1920 rückte das Gros der Marinegarnison in Stralsund ein. Über tausend Mann marschierten unter den Klängen einer Marinekapelle vom Bahnhof Stralsund zum Alten Markt. Die Männer trugen feldgraue Uniformen, denn sie gehörten zu den Marine-Landstreitkräften und zur Schiffstammdivision der Ostsee. Zur Kolonne gehörten ein Sturmbataillon mit drei Infanteriekompanien, die 3. Feldbatterie, das 3. Feldbataillon, eine Maschinengewehrkompanie und Abordnungen weiterer Einheiten der Reichsmarine. Der Stralsunder Oberbürgermeister Gronow begrüßte auf dem Alten Markt die angetretenen Einheiten. Kapitän zur See Sachse, der Befehlshaber der Marine-Landstreitkräfte der Ostsee, bedankte sich für den herzlichen Empfang. Ein Vorbeimarsch beendete das Zeremoniell.

Im Wehrgesetz vom 23. März 1921 (Reichs-Gesetzblatt S. 329) in der Fassung des Gesetzes vom 18. Juni 1921 (ReichsGesetzblatt S. 787) erhielt die Reichsmarine ihre endgültige Bestimmung: *„Die Wehrmacht der Deutschen Republik ist die Reichswehr. Sie wird gebildet aus dem Reichsheer und der Reichsmarine. Die Reichsmarine ist der Schutz Deutschlands zur See. Die Marine hat die Aufgabe, den Feind zur See zu bekämpfen, von unseren Küsten abzuwehren, die deutschen Küsten, die Verbindung mit Ostpreußen, den Seehandel und die Seefischerei zu schützen, die Neutralität Deutschlands aufrechtzuerhalten, sowie die ruhmreiche Überlieferung und die Erinnerung an die Taten der Marine im Weltkrieg zu pflegen. Daneben fallen ihr kulturelle Aufgaben zu: Teilnahme an der Vermessung der Meeresgewässer, Erforschen der Meere und Aufrechterhalten der Verbindungen zwischen den Stammesbrüdern in der Heimat und Übersee beim Anlaufen fremder Häfen. Auch bei Seenot leisten ihre Schiffe wertvolle Dienste.“*

Am 1. März 1922 erhielt die Reichsmarine eine neue Kriegsflagge. Sie trug die Farben schwarz-weiß-rot und im Zentrum der Flagge das Eiserne Kreuz. Zusätzlich befand sich am Liek eine schwarz-rot-goldene Ecke.

Am gleichen Tag traten für die Garnison Stralsund organisatorische Veränderungen in Kraft. Die Schiffstammdivision der Ostsee, die bisher auf dem Dänholm untergebracht war, verlegte mit dem Stab und den Kompanien zurück nach Kiel. Dort bildete sie die I. Abteilung der Schiffstammdivision

Seiten 104/105: Hauptgebäude der Frankenkaserne, 1924

der Ostsee. Ihre Kompanien trugen in den folgenden Jahren den Charakter von Durchgangs- und Behördenkompanien.

In Stralsund wurde aus der Infanterie-Abteilung der Schiffstammdivision der Ostsee, die zeitweilig in der ehemaligen Flugstation auf der Halbinsel Bug/Rügen stationiert war, am 1. März 1922 die II. Abteilung der Schiffstammdivision der Ostsee (II./S.D.O.) formiert. Sie stellte in den folgenden Jahren bis zur Bildung der Kriegsmarine den Personalbestand der Stralsunder Garnison. Aus ihr gingen mehrere Schiffstammabteilungen und das 1. Schiffstammregiment hervor. Die Abteilungskommandeure waren gleichzeitig die Garnisonsältesten.

Die II./S.D.O. war für die militärische Grundausbildung der Rekruten der Reichsmarine verantwortlich. Dafür besaß sie drei bis vier Kompanien, die in den alten preußischen Marinekasernen auf dem Dänholm und in der Frankenkaserne untergebracht waren. Zur Besonderheit der Marinegarnison gehörte, daß alle zukünftigen Offiziere der Deutschen Reichsmarine ihre militärische Grundausbildung fast ausschließlich auf dem Dänholm erhielten. Die Fähnriche zur See nahmen außerdem an einem Zugführerlehrgang auf dem Dänholm teil. Der Befehlshaber der Marine-Landstreitkräfte der Ostsee blieb vorerst noch in Stralsund, verlegte später nach Kiel und befehligte von dort aus die Küstenverteidigungskräfte der Marinestation der Ostsee. Diese bestanden aus den Küstenwehrabteilungen in Swinemünde, Kiel und Pillau. Aus den Küstenwehrabteilungen gingen die Marineartillerieabteilungen hervor.

Zur Marinegarnison Stralsund gehörten weiterhin eine Lazarettabteilung, eine Baudienststelle und ein Unterkunftsamt (später Standortverwaltung). Dem Marinenachrichtenoffizier Stralsund unterstanden ab 1922 die Signal- bzw. Küstenfunkstellen Warnemünde, Darßer Ort, Stralsund und Arkona. Die Marineküstenfunkstelle Stralsund arbeitete auf dem Gelände der Frankenkaserne. Später war der Marinenachrichtenoffizier in Warnemünde für die II./S.D.O. zuständig.

Wie in allen größeren Marinegarnisonen gab es auch in Stralsund eine Marinefachschule. Durch den Besuch von Lehrveranstaltungen und durch ein umfangreiches Selbststudium bereiteten sich Längerdienende auf die Zeit nach der Reichsmarine vor. Die Marinefachschule war technisch orientiert und in der Frankenkaserne untergebracht.

Die Stadt ließ 1927 eine Trinkwasserleitung durch den Ziegelgraben zur Insel Dänholm verlegen, dadurch erhielten auch die Kasernen einen Trinkwasseranschluß sowie Wasserklosetts. In den Jahren 1928/29 wurden die Speiseräume erweitert und Kultur- und Freizeiträume eingerichtet.

Das Leben in der II./S.D.O. war vom Ausbildungsbetrieb geprägt, und die Ausbildung war hart. Die eingerückten Rekruten waren hochmotiviert und bereit, für die Erfüllung ihres größten Wunsches – in der Deutschen Reichs-

Besichtigung der II. Abteilung der Schiffstammdivision der Ostsee am 13. März 1924 in der Frankenkaserne

marine zur See zu fahren – alles zu geben. Um das tägliche Einerlei von infanteristischer Grundausbildung aufzulockern und die Rekruten körperlich zu stählen, wurde viel Sport getrieben. Es fanden sportliche Vergleichskämpfe mit anderen Garnisonen statt. Auch die Stralsunder Bevölkerung nahm an Sportveranstaltungen teil. Für den beliebten Segelsport standen Kutter und Jachten zur Verfügung.

Die Marine war an allen Feierlichkeiten in der Stadt Stralsund beteiligt. Das Musikkorps der II./S.D.O. z. B. veranstaltete regelmäßig Platzkonzerte. Wenn die Lehrgänge zum Abschluß ihrer Ausbildung nach der mehrtägigen Geländeübung unter den Klängen des Musikkorps wieder in die Kasernen einrückten, dann war das ein Ereignis für jung und alt. Die alljährlichen Feiern zum Gedenken an die Schlacht vor dem Skagerrak gehörten zu den gesellschaftlichen Höhepunkten im Leben der Stadt. Bei solchen und anderen Ereignissen sprachen Offiziere der ehemaligen Kaiserlichen Marine vor allem zu den künftigen Marineoffizieren und berichteten aus ihrer Dienstzeit. Am 18. August 1930 sprach z. B. Konteradmiral Harder, vom Januar 1913 bis Juli 1915 Kommandant des Kleinen Kreuzers STRALSUND, in der Turnhalle der Frankenkaserne.

Anfang der 30er Jahre stellte sich die Deutsche Reichsmarine als eine außerordentlich intakte Truppe dar. Stolz auf den Waffenrock, hohe Professionalität und strenge Disziplin zeichnete sie aus. In der Marine kursierte der abwertende Begriff von der „Republik der Novemberverbrecher". Sie war eine ungeliebte Republik, die Republik von Weimar. Man diente der Marine, weniger der Republik, und pflegte die Traditionen der untergegangenen kaiserlichen Flotte.

Allerdings behinderten die Bedingungen des Versailler Vertrags die technische und taktische Weiterentwicklung der Deutschen Reichsmarine. Sie blieb hinter den anderen Flotten, wie der englischen und französischen, zurück. Das schuf neue Spannungen zwischen den europäischen Staaten. Und das verstärkte sich unter dem Einfluß der 1929 in den USA ausgebrochenen Weltwirtschaftskrise.

Außerdem hatte sich in Europa seit dem Ende des Ersten Weltkriegs das Kräfteverhältnis wesentlich verändert. Im Osten wuchs die Sowjetunion zu einer Großmacht heran. Zu ihren ehrgeizigen Plänen gehörte ein Fünfjahresprogramm für den Kriegsschiffbau (1928-1933). Wer sollte zwischen dem Riesenland und dem übrigen Europa eine Front gegen den „Einfluß des Bolschewismus“ bilden? Dafür schien allein Deutschland prädestiniert zu sein, doch unter den Rüstungsbeschränkungen des Versailler Vertrages war es dazu nicht in der Lage.

Am 11. Dezember 1932 erkannten Großbritannien, Frankreich und Italien die Gleichberechtigung Deutschlands in Rüstungsfragen „im Grundsatz“ an. General von Schleicher, von Dezember 1932 bis Januar 1933 Reichskanzler, billigte den Plan zum Umbau der Reichsmarine und genehmigte für den 1. Juli 1933 die Neueinstellung von 1450 Unteroffizieren und Mannschaften.

Der vorgesehene Umbau war vor allem ein qualitativer Sprung und verfolgte folgende Zielrichtung:

1. Die Indiensthaltung von sechs Linienschiffen, einem Flugzeugträger, sechs Kreuzern, sechs Zerstörer- bzw. Torpedoboot-Halbflottillen, drei Minensuch-Halbflottillen, drei Schnellboot-Halbflottillen, einem Segelschulschiff und einem Sperrverband.
2. Den Aufbau einer Marineluftwaffe, die Bildung von neun Marinefliegerstaffeln.
3. Den Aufbau einer U-Bootwaffe, die Bildung von drei U-Halb-Flottillen (16 Unterseeboote).
4. Die qualitative Verbesserung der Schiffsbewaffnung.

Aus dem Umbau der Reichsmarine ergab sich auch die Erweiterung der Ausbildungskapazitäten in den Schiffstammdivisionen. Im Ostseebereich eignete sich dafür die Insel Dänholm am besten für Kasernenneubauten. Platz gab es genug. Durch den Bau des Rügendammes (Baubeginn 1933, Inbetriebnahme der Ziegelgrabenbrücke am 20. August 1935, Gesamtfertigstellung im Mai 1937) löste sich das Problem der Verkehrsanbindung der Insel. Das Marine-Standortbauamt Stralsund erhielt 1934 den Auftrag, die Erweiterung des Kasernements auf dem Dänholm einzuleiten. Noch im selben Jahr begannen die Erdarbeiten.

Die Marine unterm Hakenkreuz

Am 30. Januar 1933 ernannte der Reichspräsident Generalfeldmarschall Paul von Hindenburg den Führer der NSDAP, Adolf Hitler, zum neuen Reichskanzler; Generaloberst von Blomberg wurde neuer Reichswehrminister, Admiral Erich Raeder blieb der Chef der Marineleitung (seit 1. Oktober 1928).

Mit der Verordnung über die *Hoheitszeichen der deutschen Wehrmacht* vom 14. März 1933 traten auch Änderungen für die Hoheitszeichen in Kraft: Die schwarz-rot-goldene Ecke in der schwarz-weiß-roten Reichskriegsflagge fiel weg, und die Kokarde trug ab da die Farben schwarz-weiß-rot.

Aus diesem Anlaß richtete der Reichspräsident von Hindenburg am 15. März 1933 folgenden Erlaß an die Wehrmacht: *„Durch meine Verordnung über die Änderung der Reichskriegsflagge und über die Einführung der alten schwarz-weiß-roten Kokarde habe ich die Verbundenheit der deutschen Wehrmacht mit den wiedererstarkenden nationalen Kräften des deutschen Volkes auch einen sichtbaren Ausdruck gegeben. Die deutsche Reichswehr hat trotz aller Fesseln durch schwere Nachkriegsjahre im deutschen Volk den Wehrgedanken erhalten. Mögen diese äußeren Zeichen innerer Verbundenheit dem ganzen Volk stets vor Augen führen, daß eine bessere Zukunft nicht ohne den Willen zur Verteidigung der Heimat errungen werden kann. Im Dienst der alten Soldatentugenden, getragen vom einheitlichen Willen des Volkes, soll die Wehrmacht auch künftighin Sinnbild und Stolz der Nation bleiben."*

Am „Tag von Potsdam" (Eröffnung des neuen Reichstages in der Potsdamer Garnisionskirche), dem 21. März 1933, der in ganz Deutschland mit nationalistischen Propagandaveranstaltungen begangen wurde, fanden in Stralsund auf dem Hof der Frankenkaserne ein Feldgottesdienst und eine Parade statt. Am Vorbeimarsch beteiligten sich die Reichsmarine, die Stralsunder Polizei, die SA, die SS, der Stahlhelm sowie die Militärvereine. Die Reichsmarine war zahlenmäßig nur schwach vertreten, denn die Rekruten befanden sich zum Abschlußfeldlager außerhalb der Stadt.

Wichtig für die Orientierung der Reichsmarine war der Besuch Hitlers am 22. und 23. Mai 1933 in Kiel. Admiral Raeder hatte die Flotte aus diesem Anlaß zusammengezogen. Er holte Hitler persönlich vom Flugplatz ab und begleitete ihn auf seiner Fahrt durch die geschmückte und jubelnde Stadt. Die Reichsmarine demonstrierte ihre Leistungsfähigkeit durch Tag- und Nachtmanöver, Schießen auf das Zielschiff ZÄHRINGEN und eine Parade der Kriegsschiffe.

Hitler zollte der Reichsmarine in seiner Ansprache großes Lob: *„Soldaten der Reichsmarine! Sie selbst haben große Traditionen zu wahren. Nur wenige*

Jahrzehnte haben dem alten Deutschland zur Ausbildung seiner Wehr zur Verfügung gestanden. Diese Jahrzehnte sind von ihm benutzt worden, um das ganze deutsche Volk mit Stolz auf seine Blaujacken sehen zu lassen. Dann kam die Zeit der Demütigung. Und nun hat Deutschland sich wiedergefunden, um der deutschen Arbeit den Weg zur Freiheit zu bahnen. In diesem Sinne begrüße ich unsere deutsche Flotte. Wenn diese Flotte auch klein ist, so sieht doch ganz Deutschland mit Freude auf sie. Denn sie ist der sichtbarste Repräsentant des deutschen Ehrbegriffs und der deutschen Geltung draußen in der Welt. Vergessen Sie nie, daß sie ein Stück von Deutschland ist, wie auch Deutschland Sie nicht vergißt. Die deutsche Reichsregierung ist nach Kiel gekommen, um diese unsere deutsche Flotte zu begrüßen ...“

Mit dieser Rede hatte Hitler auch die Reichsmarine für sich und seine militärischen Ziele eingenommen.

Die Skagerrak-Gedenkfeier am 31. Mai 1933 in Stralsund gestaltete die Reichsmarine zu einem gesellschaftlichen Höhepunkt. Am Vorabend fand vor der Kommandantur auf dem Alten Markt der Große Zapfenstreich statt. Am Morgen weckten die Marinemusiker die Stralsunder Bevölkerung.

Die Feierlichkeiten begannen auf dem Hof der Frankenkaserne mit einer Parade und einem sich anschließenden Feldgottesdienst. Am Nachmittag strömten die Menschen zum Dänholm, wo ein Volksfest stattfand. Die Marine umrahmte die Veranstaltung mit gymnastischen Vorführungen der Offiziersanwärter sowie mit leichtathletischen und seemännischen Wettkämpfen. Ein Abteilungsfest im großen Saal des Hotels Bismarck beendete den Tag, bei dem sich die Marine mit den Honoratioren und den Geschäftsleuten, den „alten Kameraden“, den „neuen Kämpfern der Bewegung“ und den Freunden der Marine verbündete.

In Stralsund wurde in den folgenden Jahren verstärkt ausgebildet, denn die Flotte brauchte dringend Nachwuchs. Periodisch trafen neue Marinerekruten ein. In der Frankenkaserne und auf dem Dänholm erhielten sie den „militärischen Schliff“.

Torpedoboote, Schnellboote, Minensucher und Hilfsfahrzeuge lagen häufig im Stralsunder Hafen und blieben hier über Nacht oder übers Wochenende. Viel aufregender ging es in den Gewässern um Rügen und vor Swinemünde zu. Hier übte die Flotte. Oft ankerten Linienschiffe, Panzerschiffe und Kreuzer vor Sassnitz und Binz. Die Beiboote der Kriegsschiffe und die Bäderdampfer transportierten Tausende begeisterter Menschen zu den Schiffen. Die Reichsmarine zeigte sich als ein Teil des Volkes und brauchte über fehlenden Nachwuchs nicht zu klagen.

Ab dem 1. Februar 1934 übernahm der 2. Admiral der Ostseestation (2. A.d.O.) mit seinem Stab die Aufgaben des Kommandos der Schiffstammdivision der Ostsee. Die beiden Abteilungen der Schiffstammdivision der

Ostsee wurden ihm unterstellt und in die I. bzw. II. Schiffstammabteilung der Ostsee (I. bzw. II. S.S.O.) umbenannt.

Das Jahr 1935 war von entscheidender Bedeutung für die forcierte Aufrüstung und für die Vorbereitung auf einen neuen Eroberungskrieg. Die deutsche Reichsregierung beschloß am 16. März 1935 das *Gesetz über den Aufbau der Wehrmacht*. Die Wehrmacht umfaßte jetzt das Heer, die Kriegsmarine und die Luftwaffe. Ihr Oberster Befehlshaber war der Führer und Reichskanzler Adolf Hitler, der auf seine Person die Wehrmacht vereidigen ließ.

In seiner Rede vor dem Reichstag am 21. Mai 1935 begründete Hitler das neue Wehrgesetz. Er definierte den Wehrdienst als einen „Ehrendienst am Deutschen Volke“ und die Wehrmacht als „Waffenträger und soldatische Erziehungsschule“. Und der Reichsparteitag der NSDAP im September 1935, den man demagogisch den „Parteitag des Friedens“ nannte, stellte die Partei und die Wehrmacht als die Säulen der deutschen Zukunft dar. Ihren sinnbildlichen Ausdruck fand das in der neuen Reichskriegsflagge als Vereinigung der Hakenkreuzfahne mit dem schwarz-weißen Balkenkreuz und dem Eisernen Kreuz. Die Flagge wurde ab dem 7. November 1935 auf allen Schiffen der Kriegsmarine und auf den Gebäuden der Wehrmacht gehißt.

Der Zustrom von Rekruten nach Stralsund verstärkte sich. Anfang Oktober 1935 traten 1000 Freiwillige der Kriegsmarine ihren Dienst an. Ein Teil von ihnen bezog die neuen Kasernen auf dem Dänholm. Bis 1936 war dort der Bau von sechs Kasernen, des Stabsgebäudes, des Wirtschaftsgebäudes und der Turnhalle abgeschlossen. Anschließend wurde die Arrestanstalt gebaut und die aus dem Anfang des Jahrhunderts stammenden Schießstände wesentlich erweitert, die Badeanstalt mit dem Zehn-Meter-Sprungturm errichtet und die alte Badebrücke im östlichen Kanal (ehemalige Garnisonsbadeanstalt) abgebrochen. Die Erweiterungsbauten wurden mit dem Bau der Kaserne für die 5. Kompanie und den Einbau der Flieger-Abwehr-Stände in die Dächer des Stabs- und des Wirtschaftsgebäudes bis 1939/40 abgeschlossen.

Solange Stralsund Festung war, deckte die Brückenschanze den Übergang vom Festland zur Insel Dänholm. Bis zur Inbetriebnahme der Ziegelgrabenbrücke verkehrte zur Insel tags eine Wagenfähre und nachts ein Ruderboot. „Mitwill“ („Will noch jemand mit?“ „Ich will mit!“) hieß die Fähre im Volksmund. Die Reichsmarine nutzte die Häuser in der Brückenschanze als Kammer- und Wohngebäude sowie für die Unterbringung der Marine-Fahrbereitschaft. Teile der Brückenschanze mußten dem Bau des Rügendammes und des Bahnhofes Rügendamm weichen. Erhalten geblieben sind das Kammergebäude I (jetzt Ziegelgrabenstraße 3) und das Wohnhaus Dänholmstraße 10.

Im Rahmen des Ausbaus der Kriegsmarine konnte am 1. April 1936 in Stralsund die III. Schiffstammabteilung der Ostsee (III. S.S.O.) aufgestellt werden, die die Frankenkaserne zugewiesen bekam. Gleichzeitig begannen dort umfangreiche Um- und Neubauten, die sich bis 1939 hinzogen. Zwei Kasernen, das Wirtschaftsgebäude und die Wache entstanden neu, außerdem erfuhr das Stabsgebäude eine Erweiterung. Die Stralsunder Kaserne I, das Hauptgebäude der Frankenkaserne, erhielt Anbauten für Waschräume und Toiletten. Der Kasernenhof und die Straßen wurden erneuert und die alte Kaponiere in die Exerzierhalle einbezogen. Die Erinnerungstafel an den schwedischen König Karl XII. erhielt an der Straßenseite zum Frankendamm ihren neuen Platz, wo sie sich noch heute befindet.

Am 1. Oktober 1936 stellte die Marine in Stralsund eine weitere Schiffstammabteilung, die IV. Schiffstammabteilung der Ostsee (IV. S.S.O.), auf. Im Fußmarsch verlegte sie am 31. August und 1. September 1937 nach Sassnitz. Dort waren das Schloß Dwasieden und der Schloßpark zu einem Kasernement umgestaltet worden. Bis Oktober 1941 teilten sich der Entfernungs-Meßlehrgang der Schiffsartillerieschule und die IV. S.S.O. (13. Schiffstammabteilung – 13. S.St.A. ab 1. Januar 1938) die Kasernen in Dwasieden. Die 13. S.St.A. verlegte 1941 nach Libau.

Die Kriegsmarine wollte in Stralsund noch eine weitere Schiffstammabteilung aufstellen und stationieren, doch dafür mußte ein neues Kasernement errichtet werden. Die Kriegsmarine beabsichtigte, am Rand der Kniepervorstadt, nördlich der Schwedenschanze und unmittelbar an der Küste, zu bauen. Die Stadt Stralsund plädierte für einen Standort zwischen der Prohner Landstraße und der Betonstraße nach Parow. Das hätte ihr die Verlängerung der Parower Landstraße erspart. Doch die Kriegsmarine setzte sich durch. Am 29. Januar 1937 wurde die Stadt vom Marine-Bauamt Stralsund ausführlich über den Kasernenneubau informiert. Unverzüglich begannen die Erdarbeiten für die Gebäude, den Sportplatz, die Straßen und die Heizkanäle. Der Bootshafen mußte gebaggert, eine Entladebrücke gerammt und vom Hafen zu den Baustellen eine Feldeisenbahn verlegt werden. Dadurch konnte der größte Teil des Baumaterials auf dem Wasserweg herantransportiert werden.

Da die Baufirmen wegen des Personalmangels die Termine überschritten, setzte die Marine zusätzlich Rekruten ein. Als am 8. Dezember 1938 die ersten Rekruten vereidigt wurden, glich das Gelände noch einer Baustelle, doch die Ausbildung konnte beginnen.

Am 1. Oktober 1936 faßte man die Stralsunder Schiffstammabteilungen in dem Schiffstammregiment der Ostsee zusammen. Das Regiment unterstand dem 2. Admiral der Ostsee. Der Regimentskommandeur war gleichzeitig Kommandant von Stralsund. Als zusätzliche Schiffstammregimenter entstanden, erhielt das Stralsunder Regiment die Bezeichnung 1. Schiffstammregiment (1. S.St.Rgt.). Am 1. Januar 1938 bekamen alle Schiffstammabteilungen der Ost- und Nordsee sowie die Marineergänzungsabteilungen eine fortlaufende Numerierung. Danach gehörten zum 1. S.St.Rgt.:

P
P
HST AF 21

Ehemaliges Lazarett

7. S.St.A. – Stralsund/Dänholm, vorher II. S.S.O.;
9. S.St.A. – Stralsund/Frankenkaserne, vorher III. S.S.O.;
11. S.St.A. – Stralsund/Schwedenschanze, vorher V. S.S.O.;
13. S.St.A. – Sassnitz/Dwasieden, vorher IV. S.S.O.

In der Reichsmarinezeit stand dem Garnisonsältesten die ehemalige schwedische Kommandantur am Alten Markt als Dienst- und Wohngebäude, in dem sich auch das Offizierskasino der II. S.S.O. befand, zur Verfügung. Die neu gebildete Kommandantur Stralsund erhielt gegenüber der Frankenkaserne ein neues Gebäude (heute Frankendamm 7). Der Kommandant vom Abschnitt Stralsund (zgl. Wehrmachtskommandant von Stralsund und Kommandeur des 1. S.St.Rgt.) zog in ein neues Wohnhaus (heute Knieperdamm 81). Auch die Marine-Standortverwaltung und das Marine-Bauamt zogen um. Sie erhielten auf dem Gelände der ehemaligen Marinewaschanstalt ein neues Haus (heute Frankendamm 5). Das Marine-Verpflegungsamt richtete sich im ehemaligen schwedischen Getreidespeicher in der Schillstraße 38 ein.

Für die medizinische Betreuung existierte eine Marinelazarettabteilung. Schwerkranke wurden weiterhin im städtischen Krankenhaus stationär aufgenommen und behandelt. Bei dem schnell wachsenden Personalbestand reichte jedoch die Bettenkapazität nicht mehr aus. Deshalb entschied sich die Kriegsmarine für den Neubau eines Lazaretts in Stralsund. In der Kniepervorstadt befand sich unmittelbar am Strelasund Beckers Park, ein Landschaftspark mit einem gepflegten Baumbestand. Da hinein baute die Kriegsmarine ihr Lazarett.

Am 28. Mai 1936 begannen mit dem ersten Spatenstich die Arbeiten. Der imposante, architektonisch schöne, harmonische Bau konnte schon am 14. Oktober 1938 in Betrieb genommen werden. Das Marinelazarett Stralsund war sowohl vom krankenhausbaulichen Aspekt als auch von der technischen Ausstattung her eine der modernsten deutschen medizinischen Einrichtungen jener Zeit. Ursprünglich waren für das Krankenhaus 150 Betten vorgesehen; im Verlaufe der nächsten Jahre wuchs ihre Anzahl auf 320 Betten an.

Gegenüber vom Marinelazarett, auf der anderen Seite der Großen Parower Straße, entstanden zur gleichen Zeit die Marinewaschanstalt, ein Wohnhaus und ein Heizhaus. Von hier aus wurden das Marinelazarett, das Chefarzthaus und das Kasernement der 11. Schiffstammabteilung an der Schwedenschanze mit Fernwärme versorgt.

Fremd war den Stralsundern die Fliegerei nicht. Bereits im Ersten Weltkrieg waren bei Franzenshöhe Flugzeuge stationiert. Nach dem Krieg baute dort die Luftfahrtgesellschaft Flugzeuge und entwickelte auch eigene Flugzeugtypen. Stralsund wurde in den Seebäderflugverkehr einbezogen. Die Wasserflugzeuge starteten und landeten unmittelbar an der Uferpromenade. Begeisterte junge Männer betrieben den Segel- und Motorflugsport.

Am 15. Oktober 1934 verkaufte der Parower Schloßherr, Freiherr von Langen, am Parower Haken ein großes Stück Land zum Bau eines Fliegerhorstes für See- und Landflugzeuge. In kürzester Zeit verwandelten sich die Wald- und Ackerflächen in eine große Baustelle. Am 26. Oktober 1935 konnte Richtfest in der Landhalle I gefeiert werden. Am selben Tag traf das Quartiermacherkommando für die Fliegerhorstkommandantur (See) Parow ein.

Auf dem weitläufigen Areal entstanden mehrere Hallen für See- und Landflugzeuge, Gebäude für die Unterbringung, Versorgung und Ausbildung des Personals, Einrichtungen für die Wartung, ein Rollfeld für die Landflugzeuge, unterirdische Land- und Seebetankungsanlagen, Schießstände zum Justieren der Flugzeug-MG's, Landebrücken und Slipanlagen für die Seeflugzeuge und ein Hafen für Flugzeugschleppboote, Flugsicherungsboote und Segeljachten sowie eine Seebadeanstalt. Das Gewässer zwischen Parow und Rügen wurde zum „Rollfeld" erklärt. Nördlich von Parow im Strelasund steckte die Luftwaffe einen Bombenabwurfplatz für Zementbomben ab und errichtete Schießscheiben in See .

Der Fliegerhorst (See) Parow nahm eine Flieger-Waffenschule (See) auf, die aus der Warnemünder Fliegerschule hervorgegangen war. Der Ausbildungsbetrieb für Kampfbeobachter, Bordschützen, Navigatoren und technisches Personal für verschiedene Flugzeugtypen begann 1936. Zu den Auszubildenden gehörten Fähnriche zur See und Seeoffiziere, die von der Kriegsmarine zur Luftwaffe kommandiert bzw. versetzt wurden.

Ende 1935 verhandelten das Heer und die Stadt Stralsund über den Erwerb von Grundstücken zum Bau eines Kasernements für ein Infanteriebataillon. Man einigte sich auf ein Gelände in der Tribseer Vorstadt zwischen dem Tribseer Damm und der Barther Straße. Dieses Gelände ging am 1. April 1936 an den neuen Besitzer über.

Am Sonntag, den 3. April 1938, rückte unter starker Anteilnahme der Bevölkerung das I. Bataillon Infanterie-Regiment (mot.) 92 in die neue Kaserne ein. Das Bataillon sollte die Traditionen des „42er Regiments" pflegen. Sein Kasernement erhielt den Namen „Prinz-Moritz-Kaserne". Im Herbst 1938 nahm das Infanteriebataillon an der Annexion des Sudetenlandes teil.

Im Ortsteil Andershof begann 1938 der Neubau eines Kasernements für eine Abteilung des Flaklehrregiments. Die umfangreichen Arbeiten an den Gebäuden und an der großen Fahrzeughalle zogen sich bis zum Beginn des Zweiten Weltkrieges hin. Nach Einsätzen in Polen und Frankreich verlegte die Abteilung in den Raum Oldenburg. In die Flakkaserne in Andershof zog eine waffentechnische Schule der Fliegerabwehr ein.

Am 10. November 1938 wurde das Wehrbezirkskommando Stralsund mit den Kreisen Stralsund, Rügen, Franzburg-Barth und Grimmen gebildet. Es hatte seinen Sitz in der Villa Sarnowstraße 8.

Schließlich war Stralsund auch Standort der Waffen-SS. Sie übernahm die Provinzialheilanstalt an der Rostocker Straße, nachdem sie von den Kranken „geräumt“ worden war. Zur Besonderheit dieser Formation gehörte es, daß sie Ausländer auf den Dienst in der Waffen-SS vorbereitete.

In den Morgenstunden des 1. September 1939 fiel die Deutsche Wehrmacht in Polen ein. Das Linienschiff SCHLESWIG-HOLSTEIN, das sich zu einem „Flottenbesuch“ in der Freien Stadt Danzig aufhielt, eröffnete um 04.45 Uhr das Feuer auf die polnischen Stellungen auf der Westerplatte. Der Zweite Weltkrieg hatte damit begonnen. Da die Forderungen nach einem deutschen Truppenabzug aus Polen nicht befolgt wurden, erklärten Frankreich und Großbritannien am 3. September 1939 Deutschland den Krieg.

Die Deutsche Wehrmacht eroberte in den ersten Kriegsjahren große Teile Europas. Nach der Besetzung Dänemarks, Norwegens, Belgiens, der Niederlande und Frankreichs war die Kriegsmarine nicht mehr in der Deutschen Bucht „eingesperrt“. Ihre Überwasserschiffe und vor allem ihre U-Boote handelten auf dem Atlantik und setzten alles daran, die Seeverbindungen der Alliierten zu stören oder gar zu unterbrechen.

Stralsund blieb für die Kriegsmarine, die Luftwaffe, das Heer und die Waffen-SS eine Stadt der Ausbildung. Die neu eingezogenen Männer kamen und gingen. Vor allem das Stammpersonal hielt die Verbindung zur Bevölkerung aufrecht. Anfangs fanden noch Fußballspiele der Marine- und Luftwaffenmannschaften, Platzkonzerte der Militärkapellen und viele andere Veranstaltungen statt. Später waren vor allem die alljährlich wiederkehrenden „Tage der Wehrmacht“ Höhepunkte des gesellschaftlichen Lebens. Darüber berichtete die örtliche Presse ausführlich z. B. unter der Schlagzeile: „Schön ist's bei den Soldaten“.

Die Ausbildung im 1. Schiffstammregiment nahm ihren gewohnten Lauf, so wie sie sich in Friedenszeiten bewährt hatte: Exerzieren, Ausbildung an der Waffe, Dienstkunde, Sport, Seemannschaft und Wachdienst. Abwechslung brachte die Ausbildung im Kutterpullen und Segeln sowie auf dem Segelschulschiff HORST WESSEL und auf den Jachten EDIT und JUTTA. Der Krieg war eine Begründung für manche Schinderei auf den Exerzierplätzen, im Gelände beim „Marinebuschkrieg“, beim Reinschiff, bei der „Flagge Luzie“ und bei anderen „netten Späßchen“.

Die in Stralsund abgehaltenen Reichsseesportwettkämpfe der Marine-Hitler-Jugend erhielten eine großzügige Unterstützung durch die Kriegsmarine. Sogar der Oberbefehlshaber der Kriegsmarine, Großadmiral Dönitz, kam am 29. Juni 1943 nach Stralsund und besuchte die Wettkampfstätten.

Seiten 118/119: Die frühere „Prinz-Moritz-Kaserne“ in den 90er Jahren

Seit 1941 gab es Pläne, gegenüber von Stralsund, bei Altefähr eine Reichsseesportschule zu errichten. Doch mit dem Überfall auf die Sowjetunion trat der Krieg in eine neue Phase, in der es für dieses Vorhaben keinen Platz mehr gab. Dafür entstand in Stralsund an der Straße zum Rügendamm eine Ersatzunterkunft für die 9. S.St.A. Das Barackenlager hatte eine Kapazität von 500 Mann. Hier erhielten die für die U-Boote ausgewählten Rekruten die militärische Grundausbildung.

Das Heer übergab 1943 die „Prinz-Moritz-Kaserne" an die Marine, die dort im Oktober die 32. Schiffstammabteilung (32. S.St.A.) aufstellte. Die erste Vereidigung von Marineangehörigen fand am 25. November 1943 statt.

In Parow wurde 1942 die Fliegerwaffenschule (See) zur Kampfbeobachterschule 4 umgebildet. Im März 1944 verlegte das Jagdgeschwader 103 von Frankreich nach Parow, um dort die Flugzeugführergrundschulung durchzuführen. Beide Schulen stellten im Oktober 1944 den Betrieb ein. Im vierten Quartal 1944 verlegten die Flugzeugführerschule A/B 125 sowie der Stab und eine Staffel der Seeaufklärungsgruppe 126 nach Parow. Am 30. April 1945 verließen die flugklaren Maschinen in Richtung Dänemark den Fliegerhorst.

Organisatorische Veränderungen in der Kriegsmarine ab 1. Januar 1944 brachten auch Veränderungen für das 1. Schiffstammregiment mit sich. Es wurde der Inspektion des Bildungswesens unterstellt und war nur noch für die militärische Grundausbildung der Offiziersanwärter und für die Zugführerlehrgänge der Fähnriche zuständig. Zum 1. S.St.Rgt. gehörten ab 1. Januar 1944 die 1. S.St.A. (vorher 7. S.St.A., Stralsund/Dänholm), die 2. S.St.A. (vorher 32. S.St.A., Stralsund/„Prinz-Moritz-Kaserne"), die 3. S.St.A. (vorher 11. S.St.A., Stralsund/Schwedenschanze), die 4. S.St.A. (Neuaufstellung, wahrscheinlich Frankenkaserne, auch Dänholm) und das Segelschulschiff Gorch Fock.

Ein Teil der Stralsunder Schiffstammabteilungen verlegte im Verlaufe des Jahres 1944 nach Flensburg-Mürwik.

Aus dem Stamm der vormaligen 9. S.St.A. in der Frankenkaserne ging die 3. Marinelehrabteilung hervor. Sie blieb dem 2. Admiral der Ostseestation unterstellt und wurde im Sommer 1944 nach Aarhus/Dänemark verlegt.

In Stralsund arbeitete eine Zweigstelle des Gerichts beim 2. Admiral der Ostseestation. Es verhängte über Marineangehörige auch Todesurteile, die im Raum Stralsund vollstreckt wurden.

Im Januar 1945 begannen in Stralsund und in Flensburg-Mürwik mehr als 1000 neue Offiziersanwärter die militärische Grundausbildung. Obwohl die Rote Armee bereits in Pommern stand und immer weiter nach Westen vorstieß, fing in Stralsund alles ganz „friedensmäßig" mit Exerzieren, Paradeschritt usw. an. Nach und nach wurden die oft mangelhaft ausgerüsteten Offiziersanwärter an die Ostfront befohlen. Sie kämpften in der 1. und 3.

Marine-Infanterie-Division, in der Panzerjagdbrigade Marine und in Heerestruppenteilen. In der Schwedenschanze wurde das Marine-Schützen-Bataillon 903 aufgestellt und an die Ostfront verlegt.

Kapitänleutnant Kuhlmann, Kompaniechef im 1. S.St.Rgt., erhielt den Befehl, auf dem Dänholm aus Offiziersanwärtern ein weiteres Marine-Schützen-Bataillon zu bilden, es auf dem Luftwege in das eingeschlossene Berlin zu verlegen und die Verteidigung der Reichskanzlei zu unterstützen. Vielen jungen Männern blieb dieses Himmelfahrtskommando erspart, weil nicht alle Transportmaschinen in Berlin landen konnten.

Anfang April 1945 trafen in Stralsund noch einmal Offiziersanwärter ein, die auf der Schwedenschanze die 5. Kompanie bildeten. Zu einer regulären Ausbildung kam es nicht mehr, denn am 25. April 1945 wurde durch Befehl die Offiziersausbildung in der Kriegsmarine eingestellt.

Ende April 1945 rückte die Rote Armee unaufhaltsam auf Stralsund zu. Die zur Festung erklärte Stadt Greifswald kapitulierte. Die Wehrmacht räumte das mit Flüchtlingen und Verwundeten überfüllte Stralsund und zog sich in Richtung Rostock, nach Rügen und über See nach Westen zurück. Wehrmachtssoldaten sprengten die Ziegelgrabenbrücke, und die Kriegsmarine setzte das Segelschulschiff GORCH FOCK im Strelasund vor der Halbinsel Drigge auf Grund.

In den Morgenstunden des 1. Mai 1945 zog die 90. Ropschaer Schützendivision fast kampflos in Stralsund ein. Die auf dem Dänholm verbliebenen Soldaten räumten nach der Aufforderung zur Kapitulation die Insel. Beim Rückzug nach Rügen sprengten sie noch das westlichste Joch der Strelasundbrücke.

Der erste Tag des Friedens in Stralsund war ein sonniger und warmer Frühlingstag. Sollte das ein Vorzeichen für eine bessere Zukunft sein?

Die Kaserne „Nürnberg“ wird Goetheschule

Der sowjetische Militärkommandant von Stralsund übergab am 2. Mai 1945 die Verwaltung der Stadt in deutsche Hände. Frauen und Männer der ersten Stunde, voran Antifaschisten, gingen daran, das Leben in der Stadt und im Umland wieder in Gang zu bringen. So mancher von ihnen hatte in den Jahren der Nazi-Barbarei den Glauben an ein friedliebendes demokratisches Deutschland nicht verloren.

Ein großes Problem waren die vielen Flüchtlinge, die sich in der Stadt aufhielten. Mitte Mai 1945 waren es etwa 15000. Deshalb befahl der Militärkommandant von Stralsund, daß alle nicht ansässigen Personen sofort in ihre früheren Wohnorte zurückzukehren hätten.

Im Befehl *Nr. 3 des Militärkommandanten der Stadt und des Stadtkreises Stralsund vom 23. Mai 1945* hieß es dazu:

6. Wegen der großen Ansammlung der vielen Flüchtlinge deutscher und anderer Nationalitäten, umquartiert aus besetzten Ländern und aus der Sowjet-Union, der Kriegsgefangenen aus Sowjet-Rußland und der mit ihm verbündeten Staaten befehle ich:

a) daß Sowjetbürger und Sowjetgefangene in Richtung Demmin,

b) Kriegsgefangene und Bürger verbündeter Staaten in Richtung Barth Stadt und Stadtkreis innerhalb von 3 Tagen zu verlassen haben.

c) Kriegsgefangene der deutschen Wehrmacht, Volkssturmmänner und andere, die zur deutschen Wehrmacht gehören, haben sich innerhalb 3 Tagen bei der Militärkommandantur Neuer Markt, früher Arbeitsamt, zu melden.

d) Alle deutschen Flüchtlinge müssen binnen 3 Tagen die Stadt verlassen und nach ihren früheren Wohnorten zurück.

7. Die Ausführung dieses Befehls wird der Stadtverwaltung, einem Gehilfen der Militärkommandantur für Regelung operativ-militärischer Fragen und dem Leiter der Evakuierungsabteilung der Militärkommandantur übertragen.

8. Wer dem Befehl nicht folgt, wird als Saboteur angesehen und nach Kriegsgesetzen vor das Volkstribunal gestellt.

9. Der Befehl tritt mit dem Tage der Veröffentlichung in Kraft.

Der Militärkommandant des Stadtkreises Stralsund

Major Tscherkassow

(Stadtarchiv Stralsund, Pl I 5 b).

Die meisten Flüchtlinge stammten aus Ostpreußen und Hinterpommern. Allein vom 20. Mai bis 26. Juni 1945 wurden per Schiff 26000 Personen, mit der Bahn 28400 Personen und zu Fuß 14500 Personen in ihre ehemaligen Wohnorte zurückgeschickt. Doch weit kamen sie nicht. Polen hatte von den deutschen Ostgebieten Besitz ergriffen, die nach dem Willen der Siegermächte Deutschland abtreten mußte. Die deutsche Bevölkerung, die zurück in ihre Heimat strebte, mußte deshalb umkehren, wieder auf Treck gehen, weiter nach dem Westen, in die Besatzungszonen der vier Siegermächte.

Eine große Hilfe für die medizinische Betreuung der Stralsunder Bevölkerung und des Umlandes war die Übergabe des Marinelazaretts (heute Krankenhaus am Sund) durch die Rote Armee an die Stadt am 1. Juni 1945. Immerhin konnten dort über 1000 Kranke stationär behandelt werden. Am 30. Juni 1945 gehörten zu ihnen noch 302 Soldaten der Wehrmacht.

Für die frühere Provinzialanstalt (jetzt Krankenhaus West) gestaltete sich die Lage schwieriger. Sie war mit dem Makel einer SS-Kaserne behaftet. Es bestand die Gefahr, daß sie entsprechend den Bestimmungen des Alliierten Kontrollrates demontiert oder gesprengt werden mußte. Anfangs lagen die Truppen der Roten Armee in dem weitläufigen Gelände. Nach ihrem Abzug befanden sich dort ein Seuchenkrankenhaus, ein Umsiedlerlager und ein Kinderheim. Schließlich übergab die sowjetische Militäradministration im Juli 1946 die gesamte Anlage an die Sozialversicherung von Mecklenburg-Vorpommern. Diese eröffnete dort am 1. September 1946 eine erste Station mit 50 Betten zur Heilung von Lungenkranken. Der Kampf gegen die Tuberkulose blieb über Jahre die Hauptaufgabe des Stralsunder Krankenhauses West.

Einige ehemalige Wehrmachtsgrundstücke und -gebäude übergab der sowjetische Militärkommandant den Deutschen zur Nutzung: Der Kreisvorstand der SED erhielt das Haus der früheren schwedischen Kommandantur am Alten Markt 14. Die Märkische Elektrizitätsgesellschaft zog in das einstige Kommandanturgebäude der Wehrmacht (heute Frankendamm 7) ein. Das Arbeitsamt und das Arbeitsgericht bekamen das Gebäude der ehemaligen Marinestandortverwaltung und des ehemaligen Marine-Bauamtes (heute Frankendamm 5). Das Wasserstraßenamt übernahm das frühere Revier der Frankenkaserne (heute Frankendamm 28).

Zu den vordringlichen Wiederaufbaumaßnahmen gehörte die Instandsetzung der Rügendammbrücken. Es ging dabei nicht nur um den Anschluß Rügens an den Festlandverkehr, sondern auch um die Wiederaufnahme der Eisenbahnfährverbindung von Sassnitz nach Trelleborg/Schweden. Die Arbeiten begannen bereits im Sommer 1945. Große Probleme bereitete die Unterbringung der Arbeiter. Schließlich einigten sich der Militärkommandant und der Oberbürgermeister von Stralsund. Die Kasernen auf dem Dänholm durften dafür genutzt werden. Beschleunigt wurden einige Gebäude wieder instandgesetzt. Einen Teil des Materials holte man aus den Kasernen hinter der Schwedenschanze. Die solide gebauten und meistens noch nicht einmal zehn Jahre alten Stralsunder Kasernen boten sich als Wohnungen, Schulen und Fabrikgebäude an. Doch das Gesetz Nr. 23 des Alliierten Kontrollrates vom 10. April 1946 verbot die Existenz militärischer Bauten in Deutschland. Für diese Gebäude gab es daher nur die Alternative: Sprengung oder vollständiger Umbau für eine zivile Nutzung.

In der Praxis gestaltete sich die Freigabe der unter Sequester stehenden Kasernen und militärischen Anlagen für eine zivile Nutzung durch die Stadtverwaltung schwierig. Entscheidungen von der Landesregierung in Schwerin gab es bis 1948/49 in den seltensten Fällen. Am ehesten einigten sich der Oberbürgermeister und der Stadtkommandant von Stralsund. Auf Befehl oder mit Genehmigung des Stadtkommandanten konnte mit dem Umbau von Kasernen zu Wohnungen in der „Prinz-Moritz-Kaserne", in der Flakkaserne in Andershof, auf dem Dänholm und auf dem Fliegerhorst in Parow begonnen werden. Das war nicht allein eine freundliche Geste der Besatzungsmacht, sondern die Konsequenz aus der Konzentration der Schiffsbergung und -reparatur sowie des Neubaus von Fischereifahrzeugen in Stralsund.

Auf Rügen wurden die Kasernen und militärischen Anlagen in Sassnitz/Dwasieden (auch das Schloß Dwasieden) und auf der Halbinsel Bug/Rügen mit großer Gründlichkeit gesprengt.

Die ehemalige „Prinz-Moritz-Kaserne".
Heute ein Arbeitsamt (links), Wohnhaus (rechts)

Auf der Insel Dänholm siedelten sich nach und nach die Blad-Werft, die Schiffsbergung, die Ingenieurbaugesellschaft und die Fischwirtschaftsgenossenschaft an. Den Dänholm wollte man zum Zentrum der Küstenfischerei ausbauen und dort 169 Fischereifahrzeuge stationieren. Die ersten neu gebauten Fischkutter konnten am 4. September 1948 im Dänholmhafen übergeben werden. Doch die Ansteuerungen von der See zum Dänholm waren zu lang und vereisten in den Wintermonaten viel zu schnell. Sassnitz bot wesentlich bessere Voraussetzungen.

Am 21. Dezember 1948 öffnete auf dem Dänholm das „Klubhaus der Volkswerft" im ehemaligen Wirtschaftsgebäude der Schiffstammabteilung seine Pforten. Der Exerzierplatz wurde zum Volkspark umgestaltet. Studenten der Ernst-Moritz-Arndt-Universität Greifswald legten dabei kräftig Hand an. Den Sportplatz nutzten die Stralsunder Betriebssportgemeinschaften Motor Stralsund (Träger Volkswerft), Motor Dänholm und Empor Konsum. Die Badeanstalt wurde zu einer beliebten Sport- und Erholungsstätte.

Die Betriebsfachschule für Schiffbau begann am 5. September 1948 im Gebäude 8 die Ausbildung von Meistern und Ingenieuren. Zeitweilig arbeite-

Goethe-Gymnasium. Ehemalige Frankenkaserne

te auf dem Dänholm ein Konstruktionsbüro unter der Leitung des Oberingenieurs Klewitz für die Werften in Stralsund, Warnemünde und Wolgast.

Anfang der 50er Jahre war die Aufsiedelung des Dänholms abgeschlossen. Neue Wohnhäuser wurden nicht gebaut, obwohl genügend Platz vorhanden war. Dafür entstanden neue Wohnungen für die Volkswerft in der Frankenvorstadt, auf dem Frankenhof und in der Reiferbahn.

Die zivile Nutzung der „Prinz-Moritz-Kaserne" begann 1946 mit der Vergabe von Pachtland an Kleingärtner. Im Sommer 1947 beendete die Rote Armee die Demontage der Gebäude. Da die Sprengung des gesamten Kasernements nicht ausgeschlossen war, folgte der Demontage eine regelrechte Plünderung. Gleichzeitig wurden die ersten Gebäude als Wohnhäuser für die in der Schiffsbergung Beschäftigten hergerichtet.

Der komplette Umbau der Kasernen begann 1949 und dauerte bis 1951. Der einstige Exerzierplatz diente jetzt, und heute immer noch, als Sportplatz. Die frühzeitige Nutzung der Kfz-Hallen und Werkstätten durch die Schiffsbergung und die Werften bewahrte sie vor dem Abbruch. In Parow sah das anders aus, da sprengte man die Gebäude.

Die Wohnhäuser am heutigen Platz des Friedens sind ein Beispiel für die damaligen Auffassungen und Möglichkeiten, Kasernen zu Wohnungen umzubauen.

Auch das Offizierskasino der „Prinz-Moritz-Kaserne" (heute Carl-Heydemann-Ring 55) bot 1947 ein Bild der Zerstörung und Plünderung. Die Firma Greiner & Co. bekam 1947 das Gebäude zugesprochen. Für die Instandsetzung des Gebäudes erhielt sie die Genehmigung, in den Kasernen hinter der Schwedenschanze Betonplatten, Dachrinnen u. a. Material auszubauen. Die Vereinigung Volkseigener Betriebe Hoch- und Tiefbau übernahm 1949 das Haus und beendete die Instandsetzung.

Die Stadt Stralsund hatte ein großes Interesse an der unter Sequester stehenden Flakkaserne Andershof. Die Treuhandstelle in der Mühlenstraße 7 verpachtete ab 1946/47 einzelne Gebäude als Wohnungen. Mit dem verstärkten Ausbau der Volkswerft stieg die Anzahl der Beschäftigten und damit auch der Wohnraumbedarf. Um Wohnraum zu schaffen, ging man daran, das Kasernement umzubauen Ein Teil der militärischen Einrichtungen wurde abgebrochen bzw. gesprengt.

Schon am 31. Oktober 1946 bat der Oberbürgermeister von Stralsund um die Freigabe der einstigen Kaserne „Nürnberg" innerhalb der Frankenkaserne. Sie sollte zu einer Schule umgestaltet werden. Erst 1949 genehmigte das die Besatzungsmacht. Am 1. September 1951 konnte endlich die ehemalige Kaserne als Goetheschule (jetzt Goethe-Gymnasium) eingeweiht werden.

Das Stabsgebäude in der Frankenkaserne, das den Luftangriff 1944 schwer beschädigt überstanden hatte, wurde 1947 instandgesetzt und anschließend als Wohnhaus genutzt. In das Wirtschaftsgebäude zogen Senioren ein, und das Revier übernahm das Wasserstraßenamt Stralsund als Bürohaus. Das Hauptgebäude, ein Kasernentrakt, das Heizhaus und der Kleinkaliber-Schießstand wurden abgerissen. Vor allem die Klinker des Hauptgebäudes waren ein begehrtes Baumaterial. Auf dem Fundament des mittleren und nördlichen Teils des Hauptgebäudes entstand ein großes Wohnhaus (heute Frankendamm 10 bis 20). Der nur teilweise abgebrochene südliche Flügel blieb stehen und verschandelte das Stadtbild. Der Ausbau des Südflügels zu einem modernen Arbeiterwohnheim begann 1953. Es nahm jedoch als Hotel „Baltic“ seinen Betrieb auf und wurde zu einer beliebten Tanz- und Speisegaststätte der Stralsunder und ihrer Gäste. Mit dem Bau von Wohnhäusern auf dem Exerzierplatz der Frankenkaserne fand die Umgestaltung des Kasernements zu einer Wohnsiedlung ihren Abschluß.

Bis 1948 diente das Kasernement hinter der Schwedenschanze vor allem zur „Baumaterialgewinnung“. Die Badeanstalt erlitt das gleiche Schicksal. Gärten entstanden. Die Freie Deutsche Jugend setzte den landschaftlich schön gelegenen Sportplatz instand. Er erhielt den Namen „Stadion am Sund“ und sollte später als Sportanlage und Erholungsgebiet für die Stralsunder eine große Rolle spielen.

Ende 1948 begann die Umgestaltung dieses Kasernements zu einer Wohnsiedlung. Die meisten zweigeschossigen Blöcke wurden abgebrochen bzw. zu Zweifamilienhäuser umgebaut. Aus den eingeschossigen Gebäuden entstanden Einfamilienhäuser. In der Siedlung Schwedenschanze (offizielle Postanschrift) sollten einmal 250 Wohnungen für 1000 Menschen entstehen. Jedoch währte die Freude der Stralsunder „Häuslebauer“ nicht lange. Die 19 bereits dort lebenden Familien mußten die Schwedenschanze wieder räumen, denn die Kasernen wurden wieder gebraucht.

Und wieder Wiege für eine Marine

Ende der 40er Jahre verschärften sich die Spannungen zwischen den Westmächten und der Sowjetunion. Das hatte entscheidenden Einfluß auf die weitere Entwicklung des gespaltenen Deutschlands. Der Alliierte Kontrollrat für Deutschland stellte am 20. März 1948 seine Tätigkeit ein.

In den Westzonen fand am 20. Juni 1948 die Währungsreform statt. Die Westmächte übertrugen sie drei Tage später auf ihre Sektoren in Berlin und unterstrichen dadurch nachdrücklich deren Zugehörigkeit zu Westdeutschland. Die Sowjetische Militäradministration in Deutschland (SMAD) unterbrach daraufhin den Personen- und Güterverkehr zwischen Westberlin und Westdeutschland. Die Sowjetunion erklärte sich bereit, die Versorgung der Westberliner Bevölkerung mit Lebensmitteln und Brennstoffen zu übernehmen. Die Westmächte lehnten das Ultimatum ab und richteten eine „Luftbrücke" ein. Westberlin wurde zur „Frontstadt". Am 12. Mai 1949 mußte die Sowjetunion die Blockade Westberlins aufgeben. Die Berlinkrise endete mit einer sowjetischen Niederlage .

Nachdem am 23. Mai 1949 auf dem Territorium der drei westlichen Besatzungszonen das *Grundgesetz für die Bundesrepublik Deutschland* in Kraft getreten war, fanden am 14. August 1949 Wahlen zum Deutschen Bundestag statt. Die Bundesrepublik Deutschland betrachtete sich von Anfang an als der einzig rechtmäßige Nachfolger des untergegangenen Deutschen Reiches und bestand auf dem Alleinvertretungsanspruch für ganz Deutschland. Darauf reagierten die Sowjetunion und die SED-Führung mit der Gründung der Deutschen Demokratischen Republik am 7. Oktober 1949 auf dem Territorium der sowjetischen Besatzungszone. Damit war die Spaltung Deutschlands besiegelt. Beide deutschen Staaten verzichteten bei ihrer Gründung auf die sofortige Aufstellung von Streitkräften. Den Schutz ihrer Territorien nach außen garantierten die Siegermächte. Ungeachtet dessen begann in beiden deutschen Staaten eine mehr oder weniger geheime Aufrüstung.

Im Auftrag der Bundesregierung organisierte die „Dienststelle Blank" (am 7. Juni 1955 umbenannt in Bundesministerium für Verteidigung) langfristig die Aufstellung westdeutscher Streitkräfte. Dem dienten umfangreiche theoretische Abhandlungen über die zukünftige deutsche Armee, so die „Himmeroder Denkschrift" oder die „Wagner-Studie". Im Auftrag der USA werteten ehemalige Kriegsmarineoffiziere im Naval Historical Team die im Zweiten Weltkrieg gesammelten Erfahrungen aus und leiteten Schlußfolgerungen für die Seekriegsführung der NATO in der Ostsee ab.

Obwohl in den Nachkriegsjahren die Küstengewässer der westlichen Besatzungszonen Anfang der 50er Jahre im Wesentlichen von Minen freige-

räumt waren, blieben die unter amerikanischem bzw. britischem Kommando fahrenden Einheiten im Dienst. Diese Einheiten sowie die Besatzungen und Fahrzeuge des Bundesgrenzschutzes (See) bildeten den Anfangsbestand der Bundesmarine.

In der DDR ging man beim Aufbau der Marine einen anderen Weg. Deutsche Minensuchverbände unter sowjetischem Kommando hatte es nie gegeben, und die Grenzpolizei besaß keine nennenswerten Seefahrzeuge. Die Schaffung ostdeutscher Streitkräfte, also auch der DDR-Marine, nahm in den Formationen der Kasernierten Volkspolizei ihren Anfang.

Am 28. Februar 1950 wurde im Ministerium des Inneren eine „Hauptabteilung z.b.V." geschaffen. Sie hatte die Aufgabe, den Aufbau einer Seepolizei vorzubereiten. Am 15. Juni 1950 formierte sich die Hauptverwaltung Seepolizei. Sie war dem Minister des Inneren unmittelbar unterstellt und hatte ihr Stabsquartier in Berlin-Wilhelmsruh, Kurze Straße 5/6 (ab 1. Juli 1951 in Berlin-Schöneweide, Schnellerstraße 139).

Zum Leiter der Hauptverwaltung Seepolizei mit dem Dienstgrad Generalinspekteur der Volkspolizei avancierte der ehemalige Leiter der SED-Kreisorganisation Stralsund Waldemar Verner. Die Führungsriege der Seepolizei kam nicht aus der Kriegsmarine, sie kam aus dem antifaschistischen Widerstand. Ausgewählte ehemalige Angehörige der Kriegsmarine, z. T. untere Offizierschargen, vor allem aber Unteroffiziere, bildeten den Stamm der Ausbilder, zu dem auch Patentträger der Handelsflotte gehörten.

Die Seepolizei sollte die Seegrenze der DDR gemeinsam mit der Deutschen Grenzpolizei sichern, den Seehandel und die Fischereiflotte der DDR schützen und am Räumen von Minen des Zweiten Weltkrieges teilnehmen.

Während sich in Berlin der Stab der Seepolizei etablierte, reiste im Frühjahr 1950 der Seepolizei-Inspekteur Walter Steffens nach Parow. Er sollte auf dem Gelände des ehemaligen Fliegerhorstes (See) den Aufbau einer Schule der Seepolizei leiten. Dort überstürzten sich die Ereignisse. Während in einem Teil des Fliegerhorstes die Sprengung der Flugzeughallen, Werkstätten, Prüfstände, Rollfelder, Betankungsanlagen, Straßen u.a. gerade beendet war, begann im anderen Teil der Wiederaufbau. Die Zivilbevölkerung mußte die nicht gesprengten Kasernenblöcke räumen, denn die Gebäude sollten der Unterbringung des Schulstabes und der künftigen Lehrgangsteilnehmer dienen. Es entstanden eine große Lehrhalle und Unterrichtsbaracken, die Turnhalle des Fliegerhorstes wurde zum Sport- und Kulturzentrum umgebaut.

Am 19. Mai 1950 übernahm im Hafen Parow eine Regierungkommission unter Leitung des Stellvertretenden Ministerpräsidenten der DDR, Heinrich

Seiten 130/131: Stralsund – fest mit der Marine verbunden

Rau, von der Sowjetunion sechs ehemalige Räumboote vom Typ *218*. Die Boote waren 1944/45 auf der Werft Burmester in Lesum gebaut und als Kriegsbeute abgeliefert worden. Damit entstand in Parow nicht nur die erste Dienststelle der Seepolizei an der Küste. Hier erhielt die Seepolizei auch ihre ersten schwimmenden Einheiten.

Die Boote sollten möglichst bald zum Minenräumen eingesetzt werden. Beim Zusammenstellen der Besatzungen griff man vor allem auf Unteroffiziere und Mannschaften der Kriegsmarine zurück. Alle Boote befanden sich in einem technisch schlechten Zustand. Deshalb gingen sie Anfang Oktober 1950 in die Hanse-Werft in Wismar bzw. in die Neptunwerft in Rostock. Bei der Übergabe durch die Sowjetunion befanden sich keine Geschütze an Bord, und die Räumgeräte waren unvollständig. Die Wiederbewaffnung der R-Boote mit 20-mm-Geschützen begann nach dem 10. Juni 1951 in Wolgast.

Vom September 1952 bis Januar 1953 räumten die Boote einen Zwangsweg (Zwangsweg 17 Grad) von der Tonne 4 bei der Insel Greifswalder Oie bis zum minenfreien Gebiet im Seeraum Adlergrund. Am 17. November 1953 wurden die Boote aus dem operativen Dienst herausgezogen und dem Chef der Schulbootsabteilung in Parow unterstellt. Dort dienten sie vorrangig der Ausbildung von Unteroffizieren und Mannschaften.

Am 1. August 1950 begann in Parow offiziell der Schulbetrieb. Der Schulleiter, Seepolizei-Inspekteur Steffens, übernahm am 12. Oktober 1950 auch die Aufgaben des Standortältesten. Zu seinem Verantwortungsbereich gehörte ab dem 6. Juli 1951 auch Stralsund. Außerdem saß in Stralsund nach wie vor ein sowjetischer Militärkommandant.

Im zweiten Halbjahr 1950 bereiteten die Schulleitung und die Ausbilder das neu eingestellte Personal auf die Mannschafts-, Unteroffiziers- und Offizierslehrgänge vor. Die Ausbildung umfaßte vor allem die militärische und die seemännische Grundausbildung sowie den Sport. Am 5. Januar 1951 begann die zweijährige Ausbildung von Seeoffizieren und Ingenieur-Offizieren, die einjährige Ausbildung von Unteroffizieren und die neunmonatige Ausbildung von Mannschaften. Außerdem fanden Mannschaftslehrgänge für einzelne Laufbahnen in Heringsdorf, Kühlungsborn, auf Stubbenkammer und in Berlin statt. Zusätzlich zum 1. Seeoffiziers- und zum 1. Ingenieur-Offizierslehrgang gab es Sonderlehrgänge für Kommandanten, Leitende Ingenieure und Wachoffiziere.

Zur Unterstützung der praktischen Ausbildung erhielt die Seepolizeischule Anfang Oktober 1951 den für Ausbildungszwecke hergerichteten Logger 233 (in der Umgangssprache auch als Schullogger bezeichnet) und das KS-Boot SKL, das in Magdeburg auf der Basis eines Seeleichters gebaut worden war. Wegen der vergleichsweise geringen Geschwindigkeit nannte man es im Marinejargon „KS Langsam“.

Schulschiff ERNST THÄLMANN

Die beiden dänischen Minentransporter QUINTUS und SIXTUS lagen nach dem Zweiten Weltkrieg im Rostocker Stadthafen auf Grund. Sie wurden gehoben, Ende 1950 zur Peene-Werft Wolgast überführt, dort umgebaut und als Schulboote FÜRSTENBERG und PRENZLAU ab 1952 in Parow stationiert.

Zur Torpedoversuchsanstalt der deutschen Kriegsmarine auf dem Tollensesee bei Neubrandenburg gehörte das Torpedofangboot LOMMEL, das man bei Kriegsende versenkt hatte. Es wurde 1949 gehoben, anschließend auf dem Landweg nach Anklam transportiert, von hier nach Stralsund in die Staatswerft geschleppt und dort instandgesetzt. Das Wasserstraßenamt Stralsund stellte es unter dem Namen LUMME als Bereisungsboot in Dienst. Am 22. August 1950 erfolgte die Übergabe an die Seepolizei, um dort vorrangig vom Bergungs- und Rettungskommando Sassnitz eingesetzt zu werden.

Bei Kriegsende lag im Hafenbassin von Warnemünde das dänische Fischereischutzschiff HVIDBJÖRN auf Grund. Dänemark verzichtete auf das Wrack. Nachdem es gehoben worden war, erhielt die Peene-Werft den Auftrag, das Wrack als Schul- und Flaggschiff aufzubauen. Das Schiff erhielt am 10. Dezember 1952 den Namen ERNST THÄLMANN, und Sassnitz wurde sein Heimathafen. In die DDR-Marinegeschichte ging das Schiff durch seine Ausbildungsfahrten mit Stralsunder Offiziersschülern nach sowjetischen Ostseehäfen von 1958 bis 1960 ein. Es lief als erstes deutsches Kriegsschiff nach dem Zweiten Weltkrieg den Hafen von Leningrad (St. Petersburg) an.

Die ehemaligen Schulboote „KS Langsam" und FÜRSTENBERG *als Ausbildungsschiffe der Gesellschaft für Sport und Technik*

Die ersten neuen Fahrzeuge für die Seepolizei, auch Seekutter bezeichnet, später in Küstenschutzboote (KS-Boote) umklassifiziert, baute die Yachtwerft Claus Engelbrecht in Berlin-Köpenick. Die Endausrüstung übernahm die Peene-Werft Wolgast. Bis Ende 1950 standen die ersten drei Boote zur Verfügung. Zur Beseitigung von Restpunkten und zur Auswertung von Erprobungen lagen sie häufig in Stralsunder Werften und in Parow.

Außer Parow erhob die Seepolizei Anspruch auf das Gelände der früheren Schiffstammabteilung hinter der Schwedenschanze. Sie erhielt es am 1. September 1950. Was die ostdeutschen „Häuslebauer" in der Siedlung Schwedenschanze abgebrochen, um- und ausgebaut hatten, wurde wieder zu Kasernen. Später kamen als Neubauten ein Lehrgebäude, der Kfz-Park, die Hafenbaracke und das Klubhaus hinzu.

Am nördlichen Rand der Schwedenschanze, wie die Kaserne nun im Volksmund hieß, entstand „Holzhausen", eine Siedlung aus Einfamilienhäusern. Diese Standardhäuser aus Holz wurden auch für Unterkunfts-, Wohn-, Büro- und Lagerzwecke in vielen Dienststellen der Seepolizei errichtet.

Am 9. Februar 1952 verlegte die 1. Kompanie der Seepolizeischule Parow zur Schwedenschanze, der nunmehrigen Seepolizei-Offiziersschule. Die Seeoffiziers- und Ingenieur-Offiziersschüler waren nach einer zweijährigen Ausbildung die ersten „selbstgebackenen" Offiziere. Sinnigerweise hatte die Seepolizeiführung zu ihrer Ernennung den 21. Dezember 1952, Stalins Geburtstag, auserkoren. An der Seepolizei-Offiziersschule, ab 1. Januar 1953 Seeoffiziers-Lehranstalt, fanden 1952 außerdem Sonderlehrgänge für Seeoffiziere, Ingenieur-Offiziere und Seevermessungstechniker statt.

Während die Seeoffiziere und die Seevermessungsingenieure weiterhin an der Schwedenschanze ausgebildet wurden, begannen für die anderen Lehranstalten die „Wanderjahre".

Ingenieur-Offiziere: Stralsund – Rostock – Kühlungsborn – Stralsund,

Nachrichtenoffiziere: Stralsund – Stubbenkammer – Sassnitz/Dwasieden – Stralsund/Parow – Kühlungsborn – Stralsund,

Politoffiziere: Stralsund – Berlin – Stralsund.

Die „Verlegerei" war mit erheblichen Nachteilen für die Qualität der Ausbildung verbunden und erforderte zusätzliche finanzielle und materielle Mittel. Mit der Konzentration der Offiziersausbildung in Stralsund an der Schwedenschanze, endete 1956 diese „Wanderung".

Anfang 1952 begann in der Seepolizeischule Parow die Vorbereitung von 50 Kursanten auf eine zweijährige Ausbildung zum Marineoffizier in der Sowjetunion in Kaliningrad (Königsberg). Der Sonderlehrgang umfaßte die Gruppen Kommandanten, Navigations-, Artillerie-, Sperr-und Nachrichtenoffiziere. Nach erfolgreichem Abschluß kehrten die Teilnehmer im Sommer 1954 in die DDR zurück. Aus ihrem Kreis gingen sechs Admirale hervor. Zur weiteren fachlichen Qualifizierung und zum militärakademischen, -technischen und -politischen Studium an sowjetischen Hochschulen und Akademien reisten in den folgenden Jahren eine große Anzahl von Marineoffizieren in die Sowjetunion.

Die Schule in Parow bestritt den Hauptteil der Ausbildung von Unteroffizieren und Mannschaften. Typische Verwendungen waren Navigation, Signal, Artillerie, Sperrwesen, Funk, Maschine/Mot. und Maschine/E. Hinzu kamen 1955 Steuermannselektriker, Funkmesser und Hydroakustiker. Weiterhin fanden Obermeisterlehrgänge für Navigation, Signal, Funk, Maschine/Mot. und Maschine/E statt.

Nach der Zuführung der R-Boote des Typs *218* und von Reedeschutzbooten/Schulbooten des Typs *Delphin* erhielt die Parower Schulbootsabteilung den Status einer Schulbootsdivision. Zu ihr gehörten:

1. Abteilung – 5 R-Boote Typ *218* (811-815).
2. Abteilung – 6 Schulboote Typ *Delphin* (821-826).
3. Abteilung – 6 Schulboote Typ *Delphin* (831-836).
4. Abteilung – Schulboot 841 (ehemaliges Flugsicherungsboot), Schulboot 842 („KS Langsam"), Schullogger 843, Schulboot 844 FÜRSTENBERG und Schulboot 845 PRENZLAU.

Ab dem 1. Dezember 1952 gab es die Dienststellung des Leiters Nachrichtendienste Küste. Er hatte in der Nachrichtenzentrale an der Schwedenschanze seinen Sitz. Ihm waren 13 Signalstellen entlang der Ostseeküste, die Funkpeilstellen Tarnewitz und Ahlbeck, die Funksendestelle in Lohme, die Funkempfangsstelle auf Stubbenkammer und die Durchgangsvermittlungen in Wismar und Wolgast unterstellt. Die Schwedenschanze blieb für viele Jahre der wichtigste Knoten für die Drahtnachrichtenverbindungen der maritimen Kräfte der DDR. Sie war über ein Erdkabel mit Berlin verbunden.

Ende 1950/Anfang 1951 verhandelten die Hauptverwaltung Seepolizei und die Vereinigung Volkseigener Werften über die Schiffsneubauten für die zukünftige Marine. Die Ergebnisse gingen in den Planvorschlag für die Entwicklung der Seepolizei der DDR für die Jahre 1952/55 ein (Bundesarchiv-Militärarchiv Freiburg i.Br., Aktenbestand DVM 1, Nr. 1213). Danach sollten 36 KS-Boote, 18 große Räumboote, 12 kleine Räumboote, 36 Minenlegboote und Räumboote, 30 Schnellboote, 30 U-Boot-Jäger, 12 U-Boote, 19 Korvetten, 13 Fregatten, ein Schulschiff und ein Segelschulschiff gebaut werden. Hinzu kam eine Flotte von Hilfsschiffen, wie Schlepper, Eisbrecher, Schwimmdocks, Schwimmkräne, Torpedofangboote, Netzleger, Feuerlöschboote, Taucherboote und Werkstattprahme.

In der Geschichte der deutschen Marinen hat es reale und weniger reale Schiffbauprogramme gegeben. Der durch den Generalinspekteur der Seepolizei, Waldemar Verner, vorgelegte Plan ist im Spiegel damaliger Möglichkeiten des Arbeiter- und Bauernstaates wohl der seltsamste aller Zeiten.

Dieser Plan für die Entwicklung der Seepolizei der DDR in den Jahren 1952/55 beinhaltete auch die Basierung der Flottenkräfte. Als Flottenstützpunkte sollten ausgebaut werden:

Wolgast	Ausrüstungsdepot für alle Schiffstypen, Ausrüstungslager, Schiffstammabteilung, Hilfsschiffe.
Peenemünde	Operative Einheiten, kleinere Verbände.
Sassnitz	Bergungs- und Rettungskommando, Hilfsschiffe.
Parow	Kleine, schnelle Verbände.
Warnemünde	Notstützpunkt.
Wismar	Notstützpunkt.
Tarnewitz	Kleine, schnelle Verbände.
Rügenhafen	Flottenstützpunkt zur Stationierung von Großverbänden mittlerer Einheiten und schneller Verbände.

Hinter Rügenhafen, der am Großen Jasmunder Boddens entstehen sollte, verbarg sich das Projekt für die Entwicklung des Schiffbaus, des Seehandels, der Fischerei und einer zukünftigen Marine der DDR. Allein die Schiffbaukapazitäten sollten die der Hamburger Werften von 1939 erreichen. Das Dorf Sagard wäre zu einer Großstadt mit 100000 Einwohnern angewachsen. Westlich von Ralswiek war eine weitere Stadt mit 30000 Einwohnern geplant. Die Marine der DDR sollte in Rügenhafen ihren Hauptstützpunkt erhalten.

Die offenen und geheimen Vorbereitungen für die Aufstellung von Streitkräften in der Bundesrepublik und die Vorbereitungen für deren Eingliederung in das westliche Militärbündnis nahm die DDR-Führung zum Anlaß, eine massive Propaganda für den Aufbau eigener nationaler Streitkräfte in Gang zu setzen. Bei Demonstrationen und Aufmärschen 1952 in Berlin und Leipzig bekundete sie öffentlich ihren Willen, den Aufbau von Streitkräften weiter voranzutreiben. Die Seepolizei-Offiziersschule Stralsund/Schwedenschanze und die Seepolizeischule Parow stellten dabei mehrere Marschblöcke. Die Matrosen marschierten in weißer Exerzierbluse, ohne Waffen, mit Losungen und teilweise im Exerzierschritt. Und sie waren die Lieblinge der zahlreichen Zuschauer.

Weitere Schritte auf dem Weg zu einer Marine waren die Umbenennung der Seepolizei in Volkspolizei-See (VP-See) am 1. Juli 1952 und die Einführung der militärischen Dienstgrade anstelle der bisherigen Polizeidienstgrade am 1. Oktober 1952.

In Stralsund richtete die VP-See bis zum 1. August 1952 im Krankenhaus am Sund eine Bettenstation ein, und ab Herbst 1952 belegte sie die gesamte obere Etage. In Sassnitz/Dwasieden war auf dem Ruinengelände der ehemaligen Schiffsartillerieschule unter großer Geheimhaltung ein „Sonderobjekt" aus dem Boden gestampft worden. Am 5. Januar 1953 wurde dort die U-Boot-Lehranstalt der VP-See eröffnet. An ihr sollten die Teilnehmer die Theorie der Unterseebootwaffe und das praktische Fahren von Unterseebooten erlernen.

Im Frühsommer 1953 verschärften sich die Widersprüche zwischen der DDR-Führung und breiten Bevölkerungsschichten. In Berlin und in anderen Städten gingen am 17. Juni 1953 die Arbeiter auf die Straße. Der Militärkommandant des sowjetischen Sektors von Groß-Berlin verkündete ab 13.00 Uhr den Ausnahmezustand.

Um 14.30 Uhr erhielt der Chef der VP-See den Befehl, für seinen Bereich die Alarmbereitschaft auszulösen. In den Stralsunder Dienststellen erfolgte die Herstellung der Bereitschaftsstufe 1. Die Seeoffiziers-Lehranstalt hatte folgende Objekte zu schützen: das Hotel „Zur Post" (die Hauptverwaltung der VP-See hatte gerade von Berlin nach Parow verlegt und nutzte das Hotel als Ledigenwohnheim), das Lazarett der VP-See im Krankenhaus am Sund, die Dienststellen des Seehydrographischen Dienstes und die Volkswerft.

Als sich in den Abendstunden die Situation in der Volkswerft zuspitzte und die Gefahr von Streiks in den Stralsunder Betrieben und von Demonstrationszügen durch die Stadt bestand, verhängte der Militärkommandant um 21.00 Uhr den Ausnahmezustand. Die „Alarmkompanien" der Seeoffiziers-Lehranstalt und der Unterführer- und Mannschaftsschule Parow wurden in die Volkswerft befohlen. Sie übernahmen die Bewachung des Haupttores und verhinderten, daß sich die Nachtschicht und die Frühschicht vereinigten.

Am 18. Juni 1953 versammelte sich in der Stralsunder Volkswerft gegen 08.30 Uhr der größte Teil der Frühschicht am Werktor. Die Streikenden wollten sich gemeinsam mit den Beschäftigten anderer Stralsunder Werften zu einem Demonstrationszug durch die Stadt formieren. Der sowjetische Militärkommandant von Stralsund griff ein. Er forderte die Streikenden ultimativ auf, sich an ihre Arbeitsplätze zu begeben. Als sie der Aufforderung des Militärkommandanten nicht nachkamen und die sowjetischen Soldaten bedrohten, ließ er aus den überschweren Maschinengewehren der aufgefahrenen Schützenpanzerwagen Warnschüsse abfeuern. Daraufhin ging die Frühschicht an die Arbeitsplätze zurück und verließ um 14.00 Uhr zum Schichtschluß die Werft. Auch die Bauarbeiter auf der Schwedenschanze legten die Arbeit nieder. Ihnen schlossen sich Arbeiter des Kraftverkehrs und des Betriebes Baumechanik an.

Am Abend des 18. Juni 1953 hatte sich die Lage in Stralsund beruhigt. Angehörige der Roten Armee, VP-See und Polizei standen für die Einhaltung des Ausnahmezustandes.

Der von der DDR-Regierung proklamierte „Neue Kurs“ und die Ereignisse des 17. Juni 1953 hatten einen großen Einfluß auf den weiteren Aufbau der DDR-Marine. So wurde das unrealistische Flottenbauprogramm aufgegeben. Der abrupte Abbruch des Großprojektes „Rügenhafen“ zwang dazu, die gesamte Basierung der VP-See und den Bau von Kriegsschiffen neu zu durchdenken. Die U-Boot-Lehranstalt in Sassnitz/Dwasieden wurde aufgelöst und die Vorbereitungen zum Bau von U-Booten auf der Stralsunder Volkswerft eingestellt. Allein die Projektierungs- und Entwicklungsarbeiten für die Minensucher liefen weiter.

In den Jahren 1954 und 1955 festigten sich in Europa die politischen Machtverhältnisse, die über Jahrzehnte die internationalen Beziehungen und die Beziehungen zwischen den beiden deutschen Staaten bestimmten.

Die Bundesrepublik trat der NATO und der Westeuropäischen Union bei und schuf mit der Bundeswehr reguläre Streitkräfte. Ihre geplante Friedensstärke mit 500000 Mann, der Rückgriff auf kriegserfahrene Angehörige der deutschen Wehrmacht und die angestrebte und zu erwartende moderne technische Ausrüstung stellten eine beachtliche Verstärkung der Kampfkraft der NATO in Zentraleuropa dar. Das europäische Gleichgewicht war damit empfindlich gestört.

In Warschau trat am 11. Mai 1955 eine Konferenz der sozialistisch orientierten europäischen Staaten zusammen. Am 14. Mai 1955 schlossen die Volksrepublik Albanien, die Volksrepublik Bulgarien, die Tschechoslowakische Republik, die DDR, die Volksrepublik Polen, die Rumänische Volksrepublik, die UdSSR und die Ungarische Volksrepublik den *Vertrag über Freundschaft, Zusammenarbeit und gegenseitigen Beistand* ab.

Der Vertrag UdSSR-DDR vom 20. September 1955 machte den Weg für die Aufstellung von regulären Streitkräften frei. Die Volkskammer beschloß eine Ergänzung zur Verfassung (GBl. DDR 1955, Teil I, S. 653), die die Landesverteidigung als souveränes Recht verankerte. Die Verfassung bestimmte den Dienst zum Schutz des Vaterlandes und der Errungenschaften der Werktätigen als eine ehrenvolle nationale Pflicht der Bürger.

Am 18. Januar 1956 beschloß die Volkskammer das *Gesetz über die Schaffung der Nationalen Volksarmee und des Ministeriums für Nationale Verteidigung* (GBl. DDR 1956, Nr. 8/56 vom 24. Januar 1956) und bestätigte die neuen Uniformen und Dienstgradabzeichen der NVA. Am 1. März 1956 nahmen das Ministerium für Nationale Verteidigung sowie die Stäbe der Luftstreitstreitkräfte, der Seestreitkräfte und der Militärbezirke ihre Tätigkeit auf.

Dem Chef der Seestreitkräfte wurden unterstellt:

- die Verwaltung der Seestreitkräfte in Rostock;
- die Flottenbasis in Peenemünde, einschließlich des Hafen- und Reedeschutzkommandos Peenemünde (6 MLR-Schiffe, 12 KS-Boote, 24 R-Boote, 3 Reedeschutzboote, 6 Hilfsschiffe);
- der Küstenabschnitt I in Sassnitz, einschließlich des Hafen- und Reedeschutzkommandos Sassnitz (Schulschiff ERNST THÄLMANN, 6 MLR-Schiffe, 3 Reedeschutzboote);
- der Küstenabschnitt II in Warnemünde;
- die Lehranstalten mit der See-Offizierslehranstalt Stralsund, der Ingenieurtechnischen Offizierslehranstalt Kühlungsborn, der Unteroffiziers-Mannschaftsschule Parow und der Schulboots-Division Parow;
- die Schiffstammabteilung in Parow;
- das selbständige Hafen- und Reedeschutzkommando in Tarnewitz;
- die selbständigen Dienststellen Baubelehrungsabteilung Wolgast, Waffenarsenal Wolgast, Bergungs- und Rettungsabteilung Sassnitz, Schutzkompanie Parow, Nachrichtendienst (an der Küste), Funkdienst (an der Küste), Funktechnischer Dienst (an der Küste), Entmagnetisierungsstation Peenemünde, Wirtschaftsabteilung Wolgast, Kfz-Kompanie Rostock und Zentrale Kfz-Werkstatt Wolgast;
- das Orchester Rostock;
- die Wachabteilung Parow;
- das Krankenhaus Stralsund;
- die Häuser der Offiziere in Rostock und Stralsund;
- die Sportklubs in Rostock, Stralsund, Peenemünde und Sassnitz.

Die Übernahme erfolgte schrittweise bis zum 1. Juli 1956. Der Übertritt in die Nationale Volksarmee war eine freie Entscheidung jedes Angehörigen der Kasernierten Volkspolizei. Wer das nicht wollte, wurde in Ehren, unabhängig

Nachrichtenzentrale der Volkspolizei-See
und Stabsgebäude der Seeoffizierslehranstalt

von der Ableistung der eingegangenen Verpflichtung, entlassen. Der weitaus größte Teil der Angehörigen der Volkspolizei-See trat in den Dienst der Seestreitkräfte. Es gab viele Längerverpflichtungen. Allgemein nahmen die Angehörigen der VP-See die Gründung der Seestreitkräfte als Teilstreikraft der Nationalen Volksarmee mit Genugtuung auf. War jetzt doch endlich klar, daß sie nicht schlechthin zu den „polizeilichen" Kräften zählten, sondern zu den Streitkräften der DDR gehörten. Daraus leiteten sich wichtige rechtliche Konsequenzen für ihre Stellung als Kombattanten und für den Status ihrer Schiffe als Kriegsschiffe ab. In ihren Uniformen fühlten sie sich als deutsche Soldaten bestätigt.

Mit der Aufstellung des Stabes und der Einheiten der Seestreitkräfte war eine neue deutsche Marine entstanden. Sie war jedoch, was die Bewaffnung, Ausrüstung und Ausbildung zu diesem Zeitpunkt betraf, noch weit von einer den europäischen Bedingungen entsprechenden modernen Randmeermarine entfernt.

Die Volksmarine in Stralsund

Den Seestreitkräften der DDR wurde am 3. November 1960 der Name Volksmarine verliehen. Aus diesem Anlaß versammelten sich Schiffe und Boote im Greifswalder Bodden zu einer Flottenparade. Auf allen Einheiten wehte erstmals die neue Dienstflagge.

Von der Volkspolizei-See wurden in Stralsund die bestehenden Lehreinrichtungen für die Aus- und Weiterbildung von Offizieren, Unteroffizieren und Matrosen übernommen. Das bekannte Handicap von Stralsund, seine langen und flachen Ansteuerungen, zwang auch die Volksmarine, andere Häfen als Stationierungsorte für die schwimmenden Einheiten zu suchen bzw. neue zu bauen. Die Wahl fiel dabei auf Peenemünde, Sassnitz, Warnemünde/Hohe Düne und Bug/Dranske. Die Marinehubschrauber erhielten Parow und die Küstenraketenkräfte Schwarzenpfost als Stationierungsorte.

Die Übernahme von Küstenschutzschiffen, U-Boot-Jägern, Minenabwehrschiffen, Landungsbooten, Torpedoschnellbooten, Raketenschnellbooten und Küstenraketen von der Sowjetunion und den eigenen Werften stellte qualitativ neue und höhere Anforderungen an die Lehreinrichtungen. Moderne Technik und Bewaffnung bestimmten die Ausbildung: Raketen-, Torpedo-, U-Bootabwehrwaffen, Funkmeßanlagen, Funkmeßwaffenleitanlagen, Anlagen für den funkelektronischen Kampf, Schiffsführungssysteme, Gasturbinen und schnellaufende hochleistungsfähige Dieselmotoren gehörten nun zu den Ausbildungsschwerpunkten. Die ständig hohe Gefechtsbereitschaft aller Einheiten der Volksmarine verlangte eine enge Verbindung von theoretischer Ausbildung und praktischer Vorbereitung der Auszubildenden auf den Einsatz an Bord. Die wachsende Qualifikation des Lehrkörpers, die Ausstattung der Lehrbasen mit modernen Lehr- und Lernmitteln und die sich erhöhenden Bildungsvoraussetzungen der Schüler erlaubten es, die militärfachliche Ausbildung mit zivilberuflichen Qualifizierungen zu verbinden und staatlich anerkannte Schulabschlüsse zu verleihen.

Die Seeoffiziers-Lehranstalt an der Stralsunder Schwedenschanze war seit dem 1. Juli 1956 Teil der Seestreitkräfte. In der Ausbildung befanden sich dort zukünftige Seeoffiziere, Seevermessungs-Ingenieur-Offiziere und Nachrichtenoffiziere. Am 6. Oktober 1956 erhielt die Einrichtung unter ihrem neuen Namen Seeoffiziersschule die Truppenfahne. Durch die Rückverlegung der Ingenieurtechnischen Offizierslehranstalt von Kühlungsborn nach Stralsund und ihre Eingliederung in die Seeoffiziersschule, erweiterte sich das Ausbildungsspektrum ab dem 1. Dezember 1956 um die Bereiche Schiffmaschinen-Ingenieur-Offiziere, E-Ingenieur-Offiziere und Schiffbau-Ingenieur-Offiziere.

Ab April 1957 verlängerte sich die Ausbildungszeit der Marineoffiziere auf vier Jahre. Ihre Abschlüsse entsprachen Fachschulabschlüssen.

Am 1. Juli 1963 wurde aus der Seeoffiziersschule und der Flottenschule unter dem Namen Offiziersschule der Volksmarine ein großes „Schulkombinat" gebildet. Die erwarteten Rationalisierungseffekte traten jedoch nicht ein. So führte z. B. der Einsatz der gleichen Lehrkräfte in Parow und an der Schwedenschanze zu großen Zeitverlusten. Außerdem war der Übergang zum Hochschulstudium an den Offiziersschulen der Nationalen Volksarmee vorgesehen. An der Schwedenschanze mußte ein Hochschullehrkörper geschaffen werden, der die Anforderung an eine wissenschaftliche Ausbildung der zukünftigen Marineoffiziere erfüllen konnte.

Deshalb entschloß man sich, am 4. Januar 1971 die Unteroffiziers- und Matrosenausbildung aus diesem Verbund wieder herauszulösen. Gleichzeitig erhielt die Offiziersschule der Volksmarine den Status einer Hochschule, nannte sich nun Offiziershochschule der Volksmarine und war den DDR-Fachhochschulen gleichgestellt. Fortan galt auch hier die Hochschulstruktur mit Sektionen. Im Februar 1972 nahmen der Wissenschaftliche Rat der Offiziershochschule der Volksmarine und die Räte der Sektionen ihre Tätigkeit auf. Für die Hansestadt Stralsund hatte die Erhebung ihrer Marineschule zur Hochschule den Nebeneffekt, daß sie von diesem Zeitpunkt an zu einer Hochschulstadt wurde.

Der nächste Abschnitt in der Entwicklung der Offiziershochschule der Volksmarine begann am 18. Mai 1982. Der Minister für Hoch- und Fachschulwesen der DDR erteilte dem Wissenschaftlichen Rat mit Wirkung vom 1. September 1982 das Recht, die akademischen Grade Diplomingenieur und Diplomgesellschaftswissenschaftler zu verleihen. Die Seeoffiziere und Schiffsmaschinenoffiziere konnten nun den akademischen Grad des Diplomingenieurs und die Politoffiziere den eines Diplomgesellschaftswissenschaftlers erwerben. Das achtsemestrige militärische Diplomstudium begannen die ersten Offiziersschüler am 1. September 1983.

Der Wissenschaftliche Rat der Offiziershochschule der Volksmarine verfolgte das Ziel, Mitte der 90er Jahre das Promotionsrecht auf technischem Gebiet zu erlangen. Darauf war die Qualifizierung des Lehrkörpers ausgerichtet, doch die politischen Ereignisse von 1989 überholten diese ehrgeizigen Ziele.

Praktika auf Kampfschiffen, in Werkstätten und auf Werften sowie die Fahrenszeiten auf Schulschiffen waren wichtige Bestandteile der Offiziersausbildung. Anfangs stand für eine Schulschiffsausbildung nur die ERNST THÄLMANN zur Verfügung. Auf den ersten Fahrten mit Offiziersschülern lief das Schulschiff 1958 den sowjetische Hafen Daugavgriva (Vorhafen von Riga und Marinebasis) an. Im folgenden Jahr standen die Häfen Daugavgriva/Riga und

Medaille zum Wissenschaftspreis der Offiziershochschule „Karl Liebknecht". (Rückseite)

Leningrad (St. Petersburg) auf dem Programm. Nach der Außerdienststellung des Schiffes am 30. September 1961 mußten Minenleg- und Räumschiffe sowie Landungsschiffe die Ausbildungsfahrten mit Offiziersschülern übernehmen. Bevorzugte Gebiete waren die Ostsee sowie die Ostseeausgänge.

Mit der Indienststellung der WILHELM PIECK am 6. Juli 1976 verbesserte sich die Schulschiffsausbildung spürbar. Unter der Leitung ihrer Lehroffiziere unternahmen die Offiziersschüler Ausbildungsfahrten in die Ost- und Nordsee. Für die künftigen Seeoffiziere fanden zusätzlich alljährlich Ausbildungsfahrten nach Murmansk/UdSSR oder ins Schwarze Meer statt. Zielhäfen auf der Südroute waren im Mittelmeer Häfen an der nordafrikanischen Küste sowie die Häfen Split/Jugoslawien und Piräus/Griechenland.

Am 11. Juni 1990 ging das Schulschiff WILHELM PIECK im südwestenglischen Hafen Plymouth mit Offiziersschülern aus Stralsund vor Anker. Das war der erste Besuch eines Kriegsschiffes des Warschauer Paktes in Plymouth und zugleich die Erwiderung auf den Besuch der britischen Fregatte ACHILLES in Rostock-Warnemünde. Und es waren auch die Wochen nach dem Fall der Berliner Mauer. Die Royal Navy und die Bevölkerung von Plymouth empfingen die Blauen Jungs aus East-Germany mit großer Aufgeschlossenheit.

Schulschiff der Volksmarine
WILHELM PIECK

Die Offiziershochschule der Volksmarine und ihre Vorläufer hatten einen wesentlichen Anteil an der Weiterbildung der Marineoffiziere. Die Lehr- und externen Studiengänge waren breit gefächert und umfaßten die Vorbereitung auf die neue Technik und Bewaffnung, deren Einsatz, die Weiterbildung auf mathematisch-naturwissenschaftlichem Gebiet, in der Informatik, der Militärpädagogik und -psychologie und in den Sozialwissenschaften sowie in den Fremdsprachen Russisch und Englisch. Zu den Weiterbildungsmaßnahmen gehörten auch Kurse für Kapitäne und Offiziere der Handels- und Fischereiflotte der DDR, in deren Ergebnis sie zu Reserveoffizieren der Volksmarine ernannt wurden.

Nach der Einführung der Dienstgradgruppe Fähnrich erhielt die Offiziershochschule der Volksmarine den Auftrag, ab 1977 erfahrene Berufsunteroffiziere vorerst in einjährigen Lehrgängen zu Fähnrichen auszubilden. Nach einer anschließenden erfolgreichen zweijährigen Tätigkeit in Einheiten der Volksmarine und der Vorlage der Fachschulabschlußarbeit beendeten sie diesen Ausbildungsgang als Ingenieure oder Ingenieurökonomen. Später, am 1. September 1984 begann an der Offiziershochschule ein zweijähriges Fachschulstudium für Fähnrichschüler. Voraussetzungen für die Zulassung waren

Bordfest auf dem Schulschiff vor der griechischen Küste

der Abschluß der 10. Klasse und ein dem Ausbildungsprofil entsprechender Facharbeiterabschluß. Das Fachschulstudium war in neun Ausbildungsprofilen, die auf die marinetypische Technik und Bewaffnung ausgerichtet waren, möglich.

Im Jahr 1975 begann an der Offiziershochschule der Volksmarine die Ausbildung von Ausländern. Die Ausbildung fand in deutscher Sprache statt. Deshalb war der Fachausbildung ein einjähriger Deutschunterricht in Stralsund vorgeschaltet. Anfangs dauerte die Ausbildung zu Marineoffizieren zwei Jahre. Später wurden im Wesentlichen die Hochschul- und nach 1983 die Diplomprogramme der DDR-Offiziersschüler übernommen.

Die Ausländer waren nach Staaten getrennt, in Lehrgruppen organisiert und in der Sektion Ausländische Militärkader zusammengefaßt. Für sie gab es keinen gesonderten Lehrkörper und keine speziell ausgestatteten Labore und Kabinette.

Die Entsenderstaaten waren vorrangig an der Ausbildung von Schiffsmaschinenoffizieren interessiert. Bis zum Abbruch der Ausbildung 1990 studierten in Stralsund Militärangehörige aus dem Kongo, aus Libyen, Mocambique, Syrien, Jemen (Volksdemokratische Republik Jemen), Äthiopien, Korea (Koreanische Demokratische Volksrepublik), Kuba und von der Palästinensischen Befreiungsbewegung (PLO).

Die Wache an der Flottenschule „Walter Steffens“

Anfang der 60er Jahre erweiterte die Führung der Nationalen Volksarmee das Aufgabenspektrum der Militärakademie in Dresden. Dazu gehörte der Aufbau der Fakultät Seestreitkräfte in Stralsund bis zum 1. Januar 1963. Die Volksmarine wählte als Standort dafür die Insel Dänholm aus. Das Ziel des Hochschulstudiums bestand in der Vorbereitung von Kommandeuren und Offizieren der Stäbe auf die Führung von Kampfhandlungen der Volksmarine als Koalitionsflotte.

Das Direktstudium Allgemeine Flottenkommandeure und Kommandeure der Rückwärtigen Dienste der Seestreitkräfte dauerte drei Jahre. Außerdem fanden von 1963 bis 1965 einjährige Höhere Akademische Kurse statt, durch die der Mangel an militärwissenschaftlich gebildeten Offizieren gemindert werden konnte. Die ersten Absolventen des Direktstudiums verließen 1966 die Fakultät. Die Lehrprogramme lehnten sich im starken Maße an die der sowjetischen Seekriegsakademie in Leningrad an. Fast alle Lehroffiziere hatten Abschlüsse sowjetischer Militärakademien erworben. Die Fakultät wurde vom 21. bis 26. Juli 1969 nach Dresden verlagert und im Zusammenhang mit der Hochschulreform in der DDR am 1. September 1970 in die Sektion Seestreitkräfte umgebildet.

Die Flottenschule in Parow (bei der Übernahme in die Seestreitkräfte nannte sie sich Unteroffiziers- und Mannschaftsschule) bildete Berufsunteroffiziere, Unteroffiziere auf Zeit und Matrosen für den Borddienst aus. Durch die Einführung neuer Technik und Bewaffnung in die Volksmarine erweiterte sich dadurch das Ausbildungsspektrum beträchtlich.

Mit der Schulbrigade verfügte die Flottenschule von 1971 bis 1981 über einen beachtlichen Schiffsbestand, der wiederum zum Ausbau des Hafens führte. Nach dem Ende der kombinierten Schul- und Bordausbildung begann der verstärkte Ausbau der Lehrbasis an Land. Einzelne Großanlagen entstanden entweder an der Offiziershochschule oder an der Flottenschule und konnten durch beide Schulen genutzt werden.

In Parow fand auch die erste Ausländerausbildung der Volksmarine statt. Komplette Schiffsbesatzungen aus Sansibar bereitete man hier auf den Einsatz von Räumbooten des Typs *Schwalbe* als Wachfahrzeuge vor.

Am 1. Dezember 1965 wurde in Wolgast die Schiffstammabteilung der Volksmarine neu aufgestellt. Im Jahr darauf begann ihre schrittweise Verlegung auf den Dänholm. Voraussetzung dafür war jedoch, daß die dort wohnenden Familien und die Arbeiter der Volkswerft die umgebauten Kasernen räumen mußten. Da aber in Stralsund ein beträchtlicher Wohnraummangel herrschte, zog sich die Räumung des Dänholms lange hin.

Zur Aufgabe der Schiffstammabteilung gehörte anfangs vorrangig die militärische Grundausbildung der Neueinberufenen. Ab 1971 entwickelte sich die Schiffstammabteilung zu einer Lehreinrichtung für Unteroffiziere und

Matrosen bestimmter Verwendungen, wie Militärkraftfahrer, Sanitäter, Köche, Fliegerabwehrraketenschützen, Marinetaucher und Werkstattpersonal.

Im August 1959 hatte der Minister für Nationale Verteidigung der DDR den Befehl erteilt, aus dem Bestand der Hubschrauberstaffel der Luftstreitkräfte/Luftverteidigung eine Hubschrauberkette dem Kommando der Seestreitkräfte operativ zu unterstellen. Der Stationierungsort dafür sollte der nördliche Teil der Unteroffiziers- und Mannschaftsschule Parow sein. Dort befanden sich noch die Trümmer der gesprengten Anlagen des ehemaligen Fliegerhorstes (See). In diesem Trümmerfeld landete im Oktober 1959 ein Hubschrauber zur Besichtigung des „Flugplatzes". Das Ergebnis lautete, daß der Flugbetrieb mit zwei Hubschraubern möglich sei.

Daraufhin verlegten im März 1960 ein Vorkommando und zwei Hubschrauber des Typs *Mi-4 A* nach Parow. Seit dem 15. September 1962 gehörten die Hubschrauber als selbständige Kette zur Volksmarine. Daraus entstand am 1. Mai 1963 die Hubschrauberstaffel der Volksmarine.

Im März 1965 erhielt die Staffel die ersten U-Bootabwehr-Hubschrauber *Mi-4 M*. Die U-Bootabwehr bestimmte in den folgenden Jahren immer stärker die Aufgaben der Staffel. Folgerichtig trug sie ab dem 1. März 1971 die Bezeichnung U-Jagd-Hubschrauberstaffel. Gleichzeitig begann der Ausbau des Flugplatzes. In der Folgezeit waren Tag- und Nachtflüge unter allen Wetterbedingungen möglich.

Im Zuge der ständigen Modernisierung der Volksmarine begann 1974 die Umrüstung der Staffel auf den Turbinenhubschrauber *Mi-8*. Ein Teil des fliegenden und ingenieurtechnischen Personals verlegte zur Umschulung in die Sowjetunion und kam im August 1974 mit den ersten Maschinen *Mi-8 T* nach Parow zurück. Gleichzeitig bildete man in der DDR Seeoffiziersschüler zu Zweiten Hubschrauberführern bzw. zu U-Bootabwehr-Offizieren aus.

Der Absicht, die Hubschrauberkräfte der Volksmarine weiter zu verstärken, entsprach der Ausbau der Staffel zu einem Geschwader ab dem 1. Dezember 1976. Mit der Zuführung des Mehrzweckkampfhubschraubers *Mi-8 TB* erweiterten sich damit die Gefechtsmöglichkeiten des gesamten Geschwaders beträchtlich.

Da die U-Bootabwehr eine der Hauptaufgaben der Volksmarine blieb, begann 1979 der Aufbau einer zweiten Staffel mit U-Bootabwehr-Hubschraubern des Typs *Mi-14 PL*. Am 31. Oktober 1979 landeten die ersten drei Maschinen in Parow. Anschließend wurde eine dritte Staffel aufgestellt. Sie erhielt Minenabwehr-Hubschrauber des Typs *Mi-14 BT*. Damit gehörte die Volksmarine weltweit zu den Seestreitkräften, die über Hubschrauber verfügten, die wassern und Seeminen räumen konnten.

Neben den militärischen Aufgaben waren die Parower Marinehubschrauber ständig in der Seenotrettung und im Katastrophenschutz eingesetzt. Wenn in

SAR-Hubschrauber in Parow

manchen Winterwochen auf schneeverwehten Straßen und Schienen der Verkehr zusammenbrach, dann waren sie Retter in der Not.

Bei der Aufstellung der Nationalen Volksarmee 1956, hatten die Seestreitkräfte im Stralsunder Krankenhaus am Sund das Lazarett der Volkspolizei-See mit zwei chirurgischen, einer inneren und einer gemischten Abteilung (Fachbereiche Hals/Nasen/Ohren/Haut) und einer Kapazität von 130 Betten übernommen. Das Lazarett der Volksmarine gewährleistete die stationäre medizinische Versorgung für alle Militärangehörigen im Bezirk Rostock bis zur südlichen Grenze von Basepohl, für Angehörige anderer bewaffneten Organe (u.a. Bereitschaftspolizei) und für Zivilbeschäftigte und Familienangehörige der Soldaten im Standort Stralsund. Zu den Aufgaben des Lazaretts gehörten weiterhin die militärmedizinische Begutachtung der Patienten, die Aus- und Weiterbildung von Reserveärzten, Pflichtassistenten und anderem medizinischen Personal sowie die wissenschaftliche Arbeit auf dem Gebiet der Militärmedizin.

Um die wachsenden medizinischen Aufgaben noch besser erfüllen zu können, wurde in Stralsund am 1. Dezember 1976 das Marinemedizinische Zentrum der Volksmarine für die ambulante Betreuung mit der Aufgabe gebildet, die Dispensairebetreuung von Kampfschwimmern und Marinetauchern, die vorbeugende Jahresgrund- und Röntgenreihenuntersuchung und die marinemedizinische Begutachtung von Bewerbern für die Marinelaufbahnen durchzuführen. Ab dem 20. November 1981 waren das Lazarett der Volksmarine und das Marinemedizinische Zentrum die zentralen medizinischen Einrichtung der Volksmarine.

Seit 1956 war auf dem Dänholm die zentrale Nachrichtenversorgungsbasis der Seestreitkräfte untergebracht. Aus ihr entwickelte sich der Teil der Instandsetzungsbasis, der für die Instandsetzung von Nachrichtengeräten, Funkmeß- und Funkmeßwaffenleitanlagen, hydroakustischen Ortungsanlagen und anderen elektronischen Anlagen in der Volksmarine verantwortlich zeichnete. Eine gesonderte Werkstatt kontrollierte und wartete die Rettungsmittel. Zeitweilig waren auch ein Stützpunkt zur Versorgung von Torpedoschnellbooten, eine Werkstatt für die Torpedobewaffnung und eine Schuhmacherwerkstatt auf dem Dänholm untergebracht.

Stralsund war auch der Ort, an dem die Schnellbootkräfte aufgestellt wurden. Am 7. Oktober 1957 übergab die sowjetische Marine die ersten sechs Torpedoschnellboote des Projektes *183* (NATO-Bezeichnung *P 6*) an die Seestreitkräfte der DDR. Bis 1960 folgten weitere 21 Boote. Jeweils neun Boote bildeten eine Abteilung, die drei Abteilungen die Torpedoschnellboots-Brigade. Am 7. Oktober 1960 erhielt die Brigade auf dem Dänholm die Truppenfahne. Bis zur Inbetriebnahme des Hafens Bug/Dranske lagen Schnellbootabteilungen u.a. in Parow und auf dem Dänholm.

In allen Jahren war die Marine ein Teil Stralsunds. Die Marine half bei der Einbringung der Ernte und beim Aufbau kultureller Einrichtungen, wie der Freilichtbühne oder dem Johanniskloster. Das Standortmusikkorps umrahmte Veranstaltungen und spielte zu Konzerten in der Öffentlichkeit auf. Sportliche Großveranstaltungen, wie das Sundschwimmen und die Segelwettkämpfe, unterstützte die Marine. An den Tagen der Nationalen Volksarmee waren die Kasernentore weit geöffnet. Zu den Vereidigungen und Ernennungen kamen Familienangehörige, Freunde und Verwandte aus der ganzen DDR nach Stralsund. Viele Kinder und Jugendliche, nicht nur der Soldatenfamilien, betätigten sich in den Sektionen der Armeesportvereinigung „Vorwärts" sportlich. Die Marinefußballer begeisterten im „Stadion der Freundschaft" ihre große Anhängerschar aus Stralsund und der Umgebung.

In der zweiten Hälfte der 80er Jahre stellten die Ereignisse in der DDR die Angehörigen und Zivilbeschäftigten der Volksmarine auch in Stralsund auf eine harte Belastungsprobe. Viele erkannten, daß in der DDR etwas geändert werden mußte.

Trotz der zunehmenden komplizierten Bedingungen ging nach der Wende 1989 die Ausbildung an den Lehreinrichtungen und der Dienst in den anderen Volksmarinedienststellen im Standort Stralsund zunächst weiter. Es gab Veränderungen in der politischen Schulung und der gesellschaftswissen-

Ernennung zum Marineoffizier auf dem Neuen Markt

schaftlichen Aus- und Weiterbildung. Die Partei- und Politorgane in der Nationalen Volksarmee wurden abgeschafft, die FDJ stellte ihre Arbeit in den Streitkräften ein, und die Militärabwehr wurde aufgelöst.

Es gelang, in allen Dienststellen der Volksmarine im Standort Stralsund die Ordnung und Sicherheit aufrechtzuerhalten. Die Bewaffnung und Munition befand sich ständig unter Kontrolle. Unbefugten Personen wurde der Zugang zu den Kasernen nicht gestattet. Durch besonnenes und kooperatives Verhalten hatten die Marineangehörigen einen entscheidenden Anteil am gewaltfreien Verlauf der Wende 1989/90 in Stralsund.

Am 20. Juli 1990 leisteten die Angehörigen der Nationalen Volksarmee einen neuen Fahneneid. Er lautete:

Ich schwöre
getreu dem Recht und den Gesetzen der Deutschen Demokratischen Republik meine Pflichten stets diszipliniert und ehrenhaft zu erfüllen.
Ich schwöre
meine ganze Kraft zur Erhaltung des Friedens und zum Schutz der Deutschen Demokratischen Republik einzusetzen.
(Gesetzbl. der DDR, Teil I Nr. 25 vom 9. Mai 1990)

Vereidigung in der Schiffstammabteilung

Der Tag der Vereidigung war mit Bedacht gewählt worden, denn an diesem Tag hatte 1944 die Gruppe um Oberst Graf von Stauffenberg den Versuch unternommen, Hitler und sein blutbeladenes Regime zu stürzen und die absehbare nationale Katastrophe zu verhindern. Das Attentat mißlang.

Die letzten Monate der Volksmarine waren Monate des Niedergangs. Die Berufssoldaten verließen die Streitkräfte, um sich einen zivilen Arbeitsplatz zu suchen. Andere wußten, daß es für sie in der Marine des geeinten Deutschlands keine Verwendung mehr geben würde. Neue Wehrpflichtige traten auf dem Dänholm und in Parow ihren Militärdienst an. An den Lehreinrichtungen fanden keine neuen Lehrgänge zur Ausbildung von Offizieren, Fähnrichen, Unteroffizieren und Matrosen mehr statt.

Wenige Tage vor der Herstellung der deutschen Einheit wandte sich der Chef der Volksmarine, Vizeadmiral Hendrik Born, in der letzten Ausgabe der *Marine-Zeitung* an die Angehörigen und Zivilbeschäftigten der Volksmarine. Er dankte ihnen, daß die Volksmarine in der Zeit seit dem November 1989 trotz schwindenden Personalbestands und fehlender finanzieller Mittel ihre Pflichten zu keiner Stunde vernachlässigt hatte: *Als letzter Chef der DDR-Volksmarine sei es mir auch erlaubt, allen aktiven und nicht mehr aktiven Angehörigen dieser kleinen, doch stets auf See geachteten Seestreitkräfte für ihren hohen, oft ein ganzes Arbeitsleben umfassenden persönlichen Einsatz für die Flotte zu danken. Wir alle können die Gewißheit in uns tragen, daß wir uns stets ehrenvoll und in Treu und Glauben für die Erhaltung des Friedens eingesetzt haben. Unbestritten bleibt, daß das militärische Kräftegleichgewicht in Europa über viele Jahre friedenserhaltend wirkte. Diesen wichtigen soldatischen Auftrag – dem Frieden zu dienen – haben wir ehrenvoll erfüllt!*

Am 2. Oktober 1990 fanden in allen Dienststellen der Volksmarine Appelle und Musterungen statt. Die Truppenfahnen wurden verabschiedet, die Flaggen und Wimpel niedergeholt und die Kasernenschilder abgenommen. In seinem Tagesbefehl vom 2. Oktober 1990 dankte der Minister für Abrüstung und Verteidigung, Rainer Eppelmann, den Armeeangehörigen und Zivilbeschäftigten für die Erfüllung der militärischen Pflicht und entließ sie aus den Verpflichtungen, die sie gegenüber der DDR eingegangen waren.

Es war gelungen, eine im wesentlichen intakte und schwimmende Marine in die deutsche Einheit einzubringen.

Ausmarsch der Truppenfahne

Die Marine heute

Am 3. Oktober 1990 um 00.00 Uhr übernahm der Bundesminister der Verteidigung, Dr. Gerhard Stoltenberg, die Befehls- und Kommandogewalt über die Streitkräfte des vereinten Deutschlands. Die im Standort Stralsund verbliebenen Berufssoldaten und Zivilbeschäftigten hofften auf eine Weiterverwendung in den Streitkräften, auf eine Umschulung für zivilberufliche Tätigkeiten oder auf eine sozialverträgliche Eingliederung in die Wirtschaft.

Doch die Planungen der Bundesmarine sahen anderes vor. Die im Standort Stralsund befindlichen Marinedienststellen waren zügig abzuwickeln und das Gros der Soldaten und Zivilbediensteten zu entlassen. Da gleichzeitig in Stralsund der beschleunigte Niedergang der Wirtschaft und die Neustrukturierung des Öffentlichen Dienstes einsetzte, bedeutete die Entlassung gleichzeitig sehr oft die Arbeitslosigkeit. Diejenigen Soldaten und Zivilbediensteten, die noch zur Abwicklung benötigt wurden, durften einige Monate länger dienen.

Am 4. Oktober 1990 wurde aus den drei Lehreinrichtungen der Volksmarine die Marineschule Stralsund gebildet. Ihre Aufgabe war es nicht, Ausbildung zu betreiben. Sie bildete nur den organisatorischen Rahmen für die Abwicklung der drei Lehrgruppen (A – Offiziershochschule, B – Flottenschule, C – Schiffstammabteilung). Sie bestand nicht einmal ein Jahr.

Die Abwicklung begann mit der ehemaligen Offiziershochschule, obwohl die Bundesmarine das Kasernengelände für den späteren Aufbau einer Schule behalten wollte. Doch die Schwedenschanze war schon an ein Berufsförderungswerk übergeben worden, und die Bundesmarine mußte sich dem beugen und nach Parow ausweichen. Als diese Entscheidung unumkehrbar war, unterstützte die Bundesmarine großzügig den Aufbau der Fachhochschule Stralsund auf einem Teil des Geländes der ehemaligen Offiziershochschule.

Bis zum 31. Dezember 1990 war die ingenieurtechnisch orientierte Marinehochschule abgewickelt, das Personal entlassen und die maritime und waffentechnische Ausbildungsbasis geräumt. Bis auf den Rest des Marinehubschraubergeschwaders, die Marinefliegerhubschraubergruppe Parow, wurden anschließend die anderen Marinedienststellen 1991 abgewickelt. Die *Mi-8*-Hubschrauberbesatzungen erfüllten noch bis 1994 Transportaufgaben. Dazu gehörte auch der Transport der Soldaten und Zivilbediensteten von und zu ihren Heimatorten im Westen an den Wochenenden.

Fast zeitgleich mit der Abwicklung der Marineschule Stralsund begannen die Vorplanungen für den Aufbau der Marinetechnikschule Parow. Für die Summe von 600 Millionen DM sollten auf dem Gelände der Flottenschule und des Marinehubschraubergeschwaders Gebäude und Anlagen der Marinetechnikschule gebaut werden. Die Deutsche Marine plant für die Zukunft, und sie baut neu. Bis auf die aus den 30er Jahren stammenden Backsteingebäude fiel alles andere der Abrißbirne zum Opfer.

Der Aufbau der größten Schule der Deutschen Marine vollzieht sich in drei Etappen und erstreckt sich bis ins Jahr 2002. Dann werden in der Marinetechnikschule, im Sanitätszentrum und in der Standortverwaltung täglich mehr als 2000 Soldaten und zivile Mitarbeiter ihren Dienst versehen.

Die Grundsteinlegung für die Marinetechnikschule Parow fand am 30. Oktober 1992 statt. Im März 1996 konnte die Seemannschaftslehrgruppe von Borkum nach Parow verlegen. Die Ausbildungsanlagen an Land und die Kasernen sind fertiggestellt, die Übungshulk WIDDER (ein ehemaliges Schnelles Minensuchboot) wurde im Hafen Parow stationiert. Am 28. März 1996 nahm die Marinetechnikschule den Ausbildungsbetrieb auf.

Zu diesem Zeitpunkt hatten bereits künftige Maate für Kommunikations- und Informationselektronik ihre Ausbildung begonnen. Die Hörsäle und Labore sind nach den neuesten Erkenntnissen eingerichtet. Für eine zivilberuflich anerkannte Aus- und Weiterbildung stehen als Lehrkräfte Meister und Ingenieure des Berufsfortbildungswerkes Stralsund mit einer langjährigen Erfahrung in der Berufsausbildung zur Verfügung. Die Facharbeiterprüfung findet vor der zuständigen Industrie- und Handelskammer mit Sitz in Rostock statt.

„ALLEN AUF SEE GEBLIEBENEN IM STILLEN GEDENKEN“.
Worte auf dem Gedenkstein in der Seestraße

Tage der Seeschiffahrt 1998 in Stralsund

In dreijähriger Bauzeit ist das Marinesanitätszentrum entstanden. Es ist für die medizinische Betreuung der Marinetechnikschule und der umliegenden Bundeswehreinheiten verantwortlich. Mit seinem Ambulanzbereich, den Notfall- und Operationsräumen, den Röntgen- und Laboreinrichtungen, dem stationären Bereich mit 36 Betten und der Zahnarztgruppe ist das Marinesanitätszentrum Parow für die Versorgung von etwa 2500 Soldaten zuständig. Zum weiteren Verantwortungsbereich gehören die Einstellungs-, die Tauglichkeitsuntersuchungen für bestimmte Ausbildungsgänge der Marine (seefahrendes Personal und Taucher) und die Gutachtertätigkeit. Es übernimmt auch die Fortbildung aller Soldaten des Standortes in medizinischen Ersthilfemaßnahmen, in der Hygiene und der gesundheitlichen Vorsorge.

Bis Ende 1999 werden im 2. Bauabschnitt die Hörsaalgebäude für die Mikroelektronik errichtet. Dadurch entstehen die Vorraussetzungen für die Verlegung von Teilen der Marineortungsschule aus Bremerhaven und der Marinefernmeldeschule aus Flensburg nach Parow.

Im 3. Bauabschnitt sollen auf einer Fläche von 18000 m^2 die Großanlagen der bisherigen Technischen Marineschule Kiel und der Marineortungsschule Eckernförde in Parow errichtet werden und den Betrieb aufnehmen.

Inzwischen ist die Marinetechnikschule aus dem Leben der Hansestadt Stralsund nicht mehr wegzudenken. Die „Blauen Jungs" aus Parow legen ihren Eid bzw. ihr Feierliches Gelöbnis in der Stralsunder Öffentlichkeit ab, bringen sich tatkräftig bei den maritimen Veranstaltungen ein und öffnen die Kasernentore für Besichtigungen durch die Bevölkerung. Die Fahrzeuge der Deutschen Marine, vor allem die U-Boote, ziehen Touristen und Einheimische bei den Besichtigungen wie ein Magnet an.

Seit 1992 besitzt die Hansestadt Stralsund ein Marinemuseum. Es ist eine Außenstelle des Stralsunder Kulturhistorischen Museums und befindet sich auf der traditionsreichen Insel Dänholm. Die ständige Ausstellung umfaßt ein Gebäude mit zwei Stockwerken, die Freifläche und die Wälle und Kasematten der Sternschanze. Die Inbetriebnahme eines weiteren Gebäudes wird vorbereitet.

Zuerst betritt man die Freifläche. Dort ist eine beachtliche Anzahl maritimer und militärischer Großgeräte und Sachzeugen aufgestellt, u.a. ein Kleines Torpedoschnellboot Projekt *131* (LIBELLE), ein Marinehubschrauber *Mi-8*, das elektromagnetische Fernräumgerät SEEKUH, die Flügelrakete *P-15* (STYX), ein Molenfeuer vom Hafen Darßer Ort, eine Barkasse der Kriegsmarine, Schiffsdieselmotoren, der Verstellpropeller und die Ankerwinde eines Minensuchers, ein Dampfgastorpedo, Teile von mechanischen Räumgeräten, Minen, etliche Anker, Schiffsschrauben und Karronaden.

Der Ausstellungsteil im Obergeschoß untergliedert sich in zeitlich abgegrenzte Abteilungen, in denen die maritime und militärische Geschichte der

Insel Dänholm, der Festung und Hansestadt Stralsund und der Region vorgestellt wird, dazu gehören: Der Dänholm im Wandel der Zeiten, brandenburgische und preußische Seelandungen auf Rügen, das preußische Marinedepot im Stralsunder Kronhafen, das Marinedepot auf dem Dänholm, der Kleine Kreuzer STRALSUND die Trajektlinie Stralsund – Rügen und der Rügendamm, die Reichs- und Kriegsmarine in Stralsund, Anfänge der Seepolizei und die Volkspolizei-See, die Lehreinrichtungen der Volksmarine, die Marineschule Stralsund und die Marinetechnikschule Parow.

Im Erdgeschoß befinden sich mehrere in sich abgeschlossene Sammlungen zur Seefliegerei in Stralsund, deutsche Marineuniformen, deutsche Kriegsschiffe als Modelle, über 200 Gegenstände, die aus Wracks an Rügens Außenküste geborgen wurden, die Geschichte der Deutschen Lebens-Rettungs-Gesellschaft, der Stralsunder Nautische Verein, historische Kompaßrosen und Gemälde von allen deutschen Schnellbooten.

Im Marinemuseum finden ständig Sonderausstellungen statt. Bisher erhielten mehrere Marinemaler die Gelegenheit, ihre Bilder der interessierten Öffentlichkeit vorzustellen. Einen großen Anklang fanden die Ausstellungen über maritime Hieb- und Stichwaffen, über deutsche militärische Orden und Effekten, über Schiffe auf Briefmarken, über den Kleinen Kreuzer STRALSUND und über die Fährverbindungen auf Rügen.

Es war eine große Ehre für die Hansestadt Stralsund, daß am 14. Juni 1998 der Festakt „150 Jahre Deutsche Marinen" stattfand und gleichzeitig die Wanderausstelung „Germania auf dem Meer" eröffnet wurde. Der Anlaß für den Festakt war die Bewilligung von sechs Millionen Reichstaler für den Aufbau einer gesamtdeutschen Marine durch die erste gesamtdeutsche, demokratisch gewählte Regierung im Jahr 1848. Auch Stralsund unterstützte damals die Bestrebungen durch den Aufruf seines Marineausschusses für den Aufbau einer gesamtdeutschen Marine.

Die Festveranstaltung im Theater der Hansestadt Stralsund war eine Veranstaltung der Bundesmarine. Ihre Leistungen fanden eine gebührende Würdigung. Daß es einmal eine Volksmarine gegeben hatte, wurde im Festvortrag erwähnt. Kein ehemaliger Admiral bzw. Offizier der Volksmarine war zu dieser Veranstaltung geladen. Die Deutsche Marine hat damit eine Chance vergeben, einen großherzigen Beitrag zur inneren Einheit des deutschen Volkes und seiner Marine zu leisten.

Stralsund aber bleibt eine Stadt der Marine, die „Blauen Jungs" werden hier immer eine Heimstatt finden.

Gedenkblatt

150 Jahre Deutsche Marinen
1848 - 1998

Stralsund,
eine der schönsten Städte Norddeutschlands

Zeittafel

1168
Dänische und verbündete deutsche Truppen stürmen die Tempelburg auf dem Kap Arkona und erobern die Insel Rügen. Jaromar, Fürst der Ranen, unterwirft sich dem dänischen König Waldemar I. und erhält Rügen als dänisches Lehen.

12. u. 13. Jhdt.
Starke deutschstämmige Einwanderung an der südwestlichen Ostseeküste, friedliche Vermischung der deutschen und der slawischen Stämme. Am Strelasund wächst die Ansiedlung Stralsund.

1234
Der Rügenfürst Witzlaw I. verleiht der Ansiedlung Stralsund das lübische Stadtrecht nach Rostocker Vorbild.

1249
Stralsund hat sich zu einem Konkurrenten Lübecks entwickelt. Die Lübecker brennen Kopenhagen nieder, segeln anschließend nach Stralsund, nehmen die Stadt im Handstreich. Die Stralsunder befestigen danach ihre Stadt.

1306
Am südlichsten Zipfel der Insel Hiddensee wird auf einem Turm bei der Kirche von St. Nikolai ein Leuchtfeuer angezündet; es weist den Weg nach Stralsund.

1316
Eine Fürstenkoalition unter dem Dänenkönig Erich Menved belagert Stralsund. Dänische Koggen blockieren Stralsund seeseitig. Den Belagerern gelingt es nicht, die Stadt zu stürmen.

1356
Erster Hansetag in Lübeck. Stralsund gehört zu den stärksten Hansestädten an der Ostseeküste.

1370
Die Hanse besiegt Dänemark. Der Stralsunder Frieden besiegelt den Sieg des Städtebürgertums über den Adel und leitet die Blütezeit der Hanse ein.

1429
Im Krieg der Hanse gegen Dänemark (1426-1435) taucht am 5. Mai überraschend ein dänisches Geschwader vor Stralsund auf, kann jedoch nicht in die Stadt eindringen, segelt

weiter in den Greifswalder Bodden und wird am 9. Mai im Strelasund durch die Stralsunder und die verbündeten Städte vernichtend geschlagen.

1628, Frühjahr
Stralsund widersetzt sich dem Deutschen Kaiser und verweigert die Aufnahme kaiserlicher Truppen unter Wallenstein. Deutsche Truppen belagern die Stadt.

1628, 23. Juni
Stralsund schließt mit dem schwedischen König Gustav II. Adolf einen Allianzvertrag gegen den Deutschen Kaiser. Wallenstein muß die Belagerung aufgeben.

1629
Unter Leitung schwedischer Fortifikationsoffiziere werden die Befestigungsanlagen von Stralsund verstärkt und erweitert. Die Erweiterung der Befestigungsanlagen dauert bis 1641 an, danach finden vorrangig Instandsetzungsmaßnahmen statt.

1630, 26. Juni
Schwedische Hauptkräfte landen auf der Insel Usedom bei Peenemünde und beginnen ihren Siegeszug durch Deutschland.

1648
Westfälischer Friede. Stralsund wird schwedisch. Neben der schwedischen Garnison bleibt die Bürgerwehr bestehen. Den Oberbefehl über das Militärwesen behält der Rat der Stadt.

1676, Mai und Juni
Brandenburgische Kriegsschiffe beteiligen sich gemeinsam mit Dänemark an der Blockade der Stralsunder Ansteuerungen. Sie erbeuten in den Gewässern um Rügen die schwedische Fregatte LEOPARDEN und einen Brander.

1677, Dezember
Dänische Truppen landen am Strand der Prorer Wiek und vertreiben die Schweden von Rügen. Im Januar 1678 wird Rügen durch die Schweden zurückerobert.

1678, September
Nach der Landung dänischer Truppen am Kap Arkona und brandenburgischer Truppen im Greifswalder Bodden bei Neukamp wird Stralsund von der Land- und Seeseite eingeschlossen. Nach schwerem Artilleriebeschuß kapituliert die schwedische Besatzung.

1715, Dezember
Im Großen Nordischen Krieg (1700-1720) wird Stralsund mehrfach belagert. Die schwedische Besatzung wehrt alle Angriffe ab. Nach der Landung preußischer, dänischer und

polnisch-sächsischer Truppen bei Groß Stresow/Rügen wird Stralsund von der See- und Landseite eingeschlossen. Die schwedische Garnison kapituliert und verläßt am 24. und 25. Dezember 1715 die Stadt.

1746
Errichtung der Kommandantur am Alten Markt.

1759, 10. September
Im Siebenjährigen Krieg (1756-1763) besiegen die schwedischen Kriegsschiffe aus Stralsund die preußische Stettiner Haff-Flottille.

1790, Sommer
Die Stralsunder Regimenter nehmen an Bord der schwedischen Armee- und Schärenflotte am Krieg gegen Rußland teil.

1807
Die Schweden ziehen sich vor den Franzosen nach Rügen zurück, schenken Stralsund die gesamten Festungsanlagen und räumen anschließend die Insel Rügen.

1808, 1. November
Napoleon befiehlt, die Stralsunder Festungsanlagen zu schleifen. Im Winter 1808/09 werden zum Schleifen der Festungsanlagen tausende Menschen eingesetzt.

1809, 25. Mai
Das Schillsche Freikorps rückt in Stralsund ein und nimmt die schwedische Garnison gefangen. Am 31. Mai 1809 fällt Schill. Seine Getreuen müssen die Waffen strecken.

1812
Die Franzosen rücken mit 20000 Mann in Schwedisch-Pommern ein und besetzen auch Stralsund. Der Kolonialhandel wird unterbunden. Von den geplanten fünf Forts rund um Stralsund wird nur die Prosnitzer Schanze auf Rügen an der Stralsunder Ostansteuerung errichtet.

1813, 11. März
Nachdem die Franzosen Schwedisch-Pommern verlassen haben, beginnt in Stralsund die Neuaufstellung der schwedischen Regimenter Leibregiment der Königin und von Engelbrechten.

1814, 25. August
Preußen sichert im Friedenstraktat mit Schweden seinen Anspruch auf Schwedisch-Pommern und Rügen.

1815, 7. Juni
Der Vertrag zwischen Schweden und Preußen über die Übergabe Schwedisch-Pommerns und Rügens enthält eine Bestimmung, nach der sechs schwedische Canonier-Schaluppen an Preußen abzugeben seien. Sie bilden damit den Anfang einer Königlich Preußischen Marine.

1815, 19. September
Der preußische König unterzeichnet das *Patent wegen Besitzergreifung des mit der Monarchie vereinigten Herzogtums Pommern und des Fürstentums Rügen.*

1815, Herbst
Die sechs Canonier-Schaluppen werden in Stralsund aufgeschlippt. Eine wird sofort, die restlichen 1820 wegen des schlechten Zustandes als Feuerholz versteigert.

1815, 23. Oktober
Die in den beiden schwedisch-pommerschen Regimentern dienenden deutschen Soldaten werden in Stralsund von ihrem Eid auf den schwedischen König entbunden und neu auf den preußischen König Friedrich Wilhelm III. vereidigt.

1815, 30 Dezember
Von Engelbrechten erhält den Befehl, aus den beiden schwedisch-pommerschen Regimentern ein preußisches Infanterieregiment zu formieren. Die Aufstellung ist Anfang 1816 unter dem Namen Königlich Preußisches 33. Infanterie-Regiment von Engelbrechten abgeschlossen. Es verlegt im gleichen Jahr nach Stettin, später nach Liegnitz und Glogau.

1816, 18. März
Abschluß des Vertrages über den Bau einer Kanonenschaluppe mit dem Stralsunder Schiffbaumeister Joachim Jacob Meyer. Unter dem Einfluß von Longé wird das Fahrzeug als Kriegsschoner fertiggestellt.

1816, 28. November
Eine neue preußische Kriegsflagge wird eingeführt. Sie geht als „Stralsund-Flagge" in die Geschichte ein, weil sie der Kriegsschoner STRALSUND führte. Das Aussehen der preußischen Kriegsflagge wird am 9. Januar 1817 nochmals verändert.

1817, 12. Februar
Der Kriegsschoner STRALSUND ist fertiggestellt.

1817, 20. Mai bis 16. Juni
Probefahrt des Kriegsschoners STRALSUND in der Ostsee.

1818, 20. Juli bis 21. September
Ausbildungsfahrt des Kriegsschoners STRALSUND mit Schülern der staatlichen Danziger Navigationsschule, erste Ausbildungsfahrt eines deutschen Schulschiffes.

1818, 7. September
Der Ingenieuroffizier Gaede und der Stralsunder Schiffbaumeister Joachim Jacob Meyer legen das Projekt für ein preußisches Dampf-Kanonenboot vor.

1820
Vom 34. Infanterie-(2. Reserve-) Regiment verlegen der Stab und das I. Bataillon nach Stralsund. Das Regiment war aus den Kompanien des ehemaligen schwedisch-pommerschen Leibregiments der Königin formiert worden. 1908 erhält das Regiment den Traditionsnamen Füsilier-Regiment Königin Viktoria von Schweden (Pommersches).

1827, 3. Februar
Der preußische Kriegsminister bestimmt die Festung und Hafenstadt Stralsund zum ständigen Stationierungsort der preußischen Kriegsfahrzeuge.

1827, 17. August
Bildung des Marinedepots. Vorsteher wird der Marine-Major Longé und Rechnungsführer der Premierlieutenant Murck.

1829, 8. November
Der Kriegsschoner STRALSUND wird in seiner Heimatstadt auf Abbruch versteigert.

1843, 24. Juni
Stapellauf des preußischen Schulschiffes AMAZONE in Grabow bei Stettin.

1846
Longé wird pensioniert. Der Artillerieoffizier der Festung Stralsund übernimmt das Marinedepot.

1847, 27. Mai bis 29. Mai
Die Offiziere der AMAZONE Jachmann, Schirmacher und Herrmann werden als Marineoffiziere in das stehende Heer Preußens übernommen.

1848, 19. April
Dänemark beginnt die Blockade der preußischen Häfen. Zwei Tage später beginnt der deutsch-dänische Krieg.

1848, 1. Mai
Generalleutnant Prinz Adalbert von Preußen veröffentlicht eine Denkschrift zur Errichtung einer gesamtdeutschen Kriegsmarine.

1848, 2. Mai
Der Stralsunder Marineausschuß unter dem Marine-Obersten a.D. Longé unterbreitet der Öffentlichkeit einen Vorschlag zum Aufbau einer deutschen Ostseeflotte. Als Hauptkriegshafen wird Kiel, und als Stationsplätze werden Danzig und Stralsund vorgeschlagen.

1848, 6. Mai
Die Stralsunder und Greifswalder Marineausschüsse rufen gemeinsam für Spenden zum Bau von Kanonenschaluppen auf.

1848, 23. Mai
Königlich Preußischer Erlaß über den Bau von vorerst 18 Kanonenschaluppen und Kanonenjollen. Stralsund ist als Stationierungsort für eine Flottillendivision vorgesehen.

1848, 14. Juni
Die deutsche Nationalversammlung in Frankfurt/M. bewilligt sechs Millionen Reichstaler zum Aufbau einer gesamtdeutschen Flotte (Reichsmarine).

1848, 10. August
Stapellauf der aus Spenden gebauten Kanonenschaluppe STRELA-SUND in Stralsund.

1848, 5. September
Im preußischen Kriegsministerium wird eine Abteilung für Marine-Angelegenheiten geschaffen. Außerdem wird ein Marine-Bataillon aufgestellt, das die preußischen Kriegsfahrzeuge zu bemannen hat.

1848, 14. Oktober
Eine Reichskommission der Frankfurter Nationalversammlung übernimmt die Hamburger Flottille.

1848, 9. bis 14. November
Erste Flottenübung der Königlich Preußischen Marine. Erprobung der bisher gebauten Kanonenschaluppen und -jollen im nördlichen Greifswalder Bodden.

1848, 15. November
Die Reichsregierung bildet unter Vorsitz des Prinzen Adalbert von Preußen die Technische Marinekommission, die Vorschläge zum Aufbau der Reichsflotte erarbeiten soll. Zur Kommission gehören Kommodore Schröder und Fregattenkapitän Brommy.

1849, 4. Juni
Gefecht eines Geschwaders der Reichsmarine unter Kommodore Brommy mit der dänischen Segelfregatte VALKYRIEN bei Helgoland.

1849, 27. Juni
Gefecht des mobilgemachten preußischen Postdampfers PREUSSISCHER ADLER mit der dänischen Kriegsbrigg ST. CROIX auf der Höhe von Brüster Ort.

1850, 29. Mai
Übergabe der Insel Dänholm an das preußische Kriegsministerium zum Bau eines Marinedepots.

1851, 14. November
Das Meerwasser wird in das Bassin des Kriegshafens auf der Insel Dänholm eingelassen. Das Marinedepot wird zum Hauptstationierungsort der preußischen Küstenflottille und der Avisos.

1851, 30. Dezember
Die Abgeordneten des Deutschen Bundestags in Frankfurt/M. beschließen die Auflösung der Reichsmarine.

1852, 19. März
Alle Ruderkanonenschaluppen und -jollen sind mit ihrer gesamten Ausrüstung in den beiden Kanonenbootsschuppen auf dem Dänholm untergebracht.

1853, 20. Juni
Durch einen geheimen Staatsvertrag erwirbt Preußen vom Herzogtum Oldenburg Land am Jadebusen. Der Befehl zum Bau eines preußischen Kriegshafens im Jadegebiet erfolgt am 24. Juli 1856.

1853, 14. November
Bildung der Admiralität als selbständige Zentralbehörde der Königlich Preußischen Marine.

1863, 8. Dezember
Zur Zurückweisung dänischer Ansprüche auf die Herzogtümer Schleswig, Holstein und Lauenburg ordnet Preußen für die Marine die Kriegsbereitschaft an.

1864, bis 1. März
Die Indienststellung der in Stralsund stationierten Dampfkanonenboote (I. bis III. Flottillendivision) ist abgeschlossen.

1864, 15. März
Dänemark beginnt die Blockade der preußischen Häfen.

1864, 17. März
Seegefecht eines preußischen und eines dänischen Geschwaders vor Jasmund/Rügen.

1864, 18. März
Beginn der Indienststellung von Ruderkanonenschaluppen und -jollen im Marinedepot auf dem Dänholm. Hauptaufgabe: Abwehr einer dänischen Landung auf Rügen.

1864, 2. Juli
Seegefecht zwischen dänischen und preußischen Kriegsschiffen bei der Insel Hiddensee.

1871, 11. April
Weisung zur Auflösung des Marinedepots Stralsund.

1873, 30. Mai
Stralsund wird zur „eingehenden" Festung erklärt. Die Festungswerke werden in den folgenden Jahren schrittweise aufgegeben.

1881, 1.Juli
Die ersten Kompanien beziehen die Frankenkaserne.

1886, 31. März
Die in Stralsund stationierte Artillerie wird abgezogen und das Artilleriedepot aufgelöst.

1886, 1. April
Das 5. Pommersche Infanterie-Regiment Nr. 42 geht aus Metz kommend wieder in Stralsund in Garnison.

1890, 2. Mai
Die Kommandantur Stralsund beendet ihre Arbeit. Stralsund ist keine Festung mehr.

1894/95
Erweiterung und Modernisierung der ehemaligen Marinekasernen auf dem Dänholm.

1911, 4. Oktober
Stapellauf des Kleinen Kreuzers STRALSUND bei der Aktiengesellschaft Weser in Bremen. Indienststellung am 10. Dezember 1912.

1919, 6. Januar
Nach der Rückkehr von der Front beginnt die Demobilisierung des „42er" Regiments.

1920, 20. Juli
Ablieferung des Kleinen Kreuzers STRALSUND an Frankreich.

1920, 22. Oktober
Die Reichsmarine bezieht Stralsund als Garnison.

1922, 1. März
In Stralsund wird die II. Abteilung der Schiffstammdivision der Ostsee aufgestellt.

1934
Beginn der Erweiterung des Kasernements auf dem Dänholm.

1935, 1. Oktober
Aufstellung der Fliegerhorstkommandantur Parow.

1935, 26. Oktober
Richtfest in der Landhalle 1 auf dem Fliegerhorst (See) Parow.

1936, 1. April
Aufstellung der III. Schiffstammabteilung der Ostsee. Sie nutzt die Frankenkaserne.

1936, 1. Oktober
Aufstellung der IV. Schiffstammabteilung der Ostsee in Stralsund, Verlegung am 31. August und 1. September 1936 nach Sassnitz/Dwasieden. Zusammenfassung der Stralsunder Schiffstammabteilungen in einem Schiffstammregiment.

1938
Der Neubau einer Kaserne für das Flaklehrregiment beginnt im Stralsunder Ortsteil Andershof.

1938, 1. Januar
Neubezeichnung der Schiffstammabteilungen (S.St.A.). Zum 1. Schiffstammregiment gehören die 7. S.St.A. (Dänholm), die 9. S.St.A. (Frankenkaserne), die 11. S.St.A. (Schwedenschanze) und die 13. S.St.A. (Sassnitz/Dwasieden).

1938, 3. April
Das I. Bataillon Infanterie-Regiment (mot.) 92 rückt in seine neu erbaute Kaserne in der Stralsunder Tribseer Vorstadt ein.

1938, 14. Oktober
Inbetriebnahme des Marinelazaretts Stralsund.

1938, 8. Dezember
Vereidigung erster Rekruten in dem neu gebauten Kasernement an der Schwedenschanze.

1939, 1. September
Mit dem Überfall Deutschlands auf Polen beginnt der Zweite Weltkrieg.

1943, 25. November
In der Prinz-Moritz-Kaserne, die inzwischen die Kriegsmarine übernommen hat, werden die ersten Rekruten der 32. Schiffstammabteilung vereidigt.

1944, 1. Januar
Das 1. Schiffstammregiment (Stralsund) ist nur noch für die militärische Grundausbildung der Ofiziersanwärter und für die Zugführerlehrgänge der Fähnriche verantwortlich. Gleichzeitig erfolgt eine Neubezeichnung der Schiffstammabteilungen. Der Kommandeur des 1. Schiffstammregiments ist in Personalunion Kommandeur der 1. Schiffstammabteilung und Wehrmachts- und Abschnittskommandant Stralsund.

1945, Anfang April
Die letzten Offiziersanwärter der Kriegsmarine treffen in Stralsund ein und werden in der 3. Schiffstammabteilung (Schwedenschanze) militärisch formiert.

1945, 1. Mai
Einnahme Stralsunds durch die Rote Armee.

1945, 2. Mai
Der sowjetische Militärkommandant übergibt die Verwaltung der Stadt Stralsund in deutsche Hände.

1945, 1. Juni
Übergabe des Marinelazaretts durch den sowjetischen Militärkommandanten an die Stadt Stralsund.

1950, Frühjahr
In Parow bei Stralsund beginnen die Vorbereitungen für eine Seepolizeischule.

1950, 19. Mai
Im Hafen Parow übernimmt eine Regierungskommission der DDR sechs ehemalige deutsche Räumboote vom Typ *218* von der Sowjetunion.

1950, 15. Juni
Formierung der Hauptverwaltung Seepolizei im Ministerium des Inneren der DDR.

1950, 1. August
Offizieller Beginn des Dienstbetriebes an der Seepolizeischule Parow.

1950, 22. August
Das Wasserstraßenamt Stralsund übergibt das Bereisungsboot LUMME an die Seepolizei.

1950, 1. September
Das ehemalige Kasernement der Kriegsmarine an der Schwedenschanze wird an die Seepolizei überschrieben.

1951, 1. September
Eröffnung der Goetheschule (Goethe-Gymnasium) in der ehemaligen Frankenkaserne.

1951, Oktober
Zur Verbesserung der praktischen Ausbildung erhält die Seepolizeischule Parow die ersten Schulboote (Schullogger und KS-Boot SKL).

1952, 9. Februar
Die Offiziers-Kompanie der Seepolizeischule Parow verlegt zur Schwedenschanze und setzt dort die Ausbildung an der neu gegründeten Seepolizei-Offiziersschule fort.

1952, 2. Mai
Planvorschlag für die Entwicklung der Seepolizei der DDR in den Jahren 1952 bis 1955.

1952, 1. Juli
Umwandlung der Seepolizei in die Volkspolizei-See. Forcierte Vorbereitungen zum Aufbau einer Marine in der DDR.

1952, 1. August
Im Krankenhaus am Sund wird das Lazarett der Volkspolizei-See eingerichtet.

1952, 1. Oktober
In der Volkspolizei-See werden die Polizeidienstgrade durch militärische Dienstgrade ersetzt.

1953, 17. Juni
Der Chef der Volkspolizei-See erhält den Befehl zur Herstellung der Bereitschaftsstufe 1

1953, 17. und 18. Juni
Streiks in Stralsund, die mit politischen Forderungen verbunden sind. Am 17. Juni um 21.00 Uhr verhängt der sowjetische Militärkommandant den Ausnahmezustand über die Stadt.

1955, 9. Mai
Die Bundesrepublik Deutschland wird Mitglied der NATO.

1955, 14. Mai
Gründung des Warschauer Paktes. Die DDR ist Mitunterzeichner, stellt jedoch vorerst keine Streitkräfte.

1956, 2. Januar
Die ersten Einheiten des Heeres, der Luftwaffe und der Marine der BRD nehmen den Dienst auf.

1956, 18. Januar
Die Volkskammer der DDR beschließt das Gesetz über die Schaffung der Nationalen Volksarmee und des Ministeriums für Nationale Verteidigung.

1956, 10. Februar
Befehl Nr. 1/56 des Ministers für Nationale Verteidigung der DDR über die Bildung der Nationalen Volksarmee, des Ministeriums für Nationale Verteidigung und die Einführung der Uniformen der Nationalen Volksarmee.

1956, 1. März
Der Stab der Seestreitkräfte nimmt seine Tätigkeit auf.

1956, bis 1. Juli
Die Aufstellung der Einheiten und Einrichtungen der Seestreitkräfte im Standort Stralsund ist abgeschlossen.

1956, 1. Dezember
Konzentration der Ausbildung der Marineoffiziere der DDR an der Seeoffiziersschule in Stralsund.

1957, 7. Oktober
Übernahme der ersten sechs Torpedoschnellboote des Projektes 183 in Parow.

1958, 16. Juni
Während einer Ausbildungsfahrt mit Offiziersschülern aus Stralsund läuft erstmals ein

DDR-Kriegsschiff, das Schulschiff Ernst Thälmann, in den Vorhafen von Riga-Daugavgriva ein.

1960, 7. Oktober
Die Torpedoschnellboots-Brigade im Bestand von 27 Booten erhält auf dem Dänholm die Truppenfahne.

1960, 3. November
Umbenennung der Seestreitkräfte in Volksmarine. Am Tag darauf findet im Greifswalder Bodden eine Flottenparade statt.

1963, 1. Januar
Die Fakultät Seestreitkräfte der Militärakademie der Nationalen Volksarmee nimmt in Stralsund den Lehrbetrieb auf.

1963, 1. Mai
Formierung der Hubschrauberstaffel der Volksmarine in Parow.

1963, 1. Juli
Die Seeoffiziersschule und die Flottenschule werden unter dem Namen Offiziersschule der Volksmarine zusammengefaßt.

1965, 1. Dezember
Neuaufstellung der Schiffsstammabteilung der Volksmarine in Wolgast. Im Jahr darauf beginnt ihre schrittweise Verlegung zum Stralsunder Dänholm.

1969, 21. bis 26. Juli
Die Fakultät Seestreitkräfte der Militärakademie der Nationalen Volksarmee verlegt von Stralsund nach Dresden.

1971, 4. Januar
Die Offiziersschule der Volksmarine erhält den Status einer Hochschule der DDR und lehrt fortan unter dem Namen Offiziershochschule der Volksmarine. Die Unteroffiziers- und Matrosenausbildung wird in der Flottenschule in Parow fortgesetzt.

1975, 1. September
Beginn der Ausbildung von ausländischen Militärkadern an der Offiziershochschule der Volksmarine.

1976, 6. Juli
Indienststellung des Schulschiffes Wilhelm Pieck. Alljährlich finden Ausbildungsfahrten

mit den Offiziersschülern aus Stralsund in den europäischen Seegewässern statt.

1976, 1. Dezember
Für die spezialisierte ambulante medizinische Betreuung von Angehörigen und Zivilbeschäftigten der Volksmarine wird in Stralsund das Marinemedizinische Zentrum der Volksmarine geschaffen.

1976, 1. Dezember
Erweiterung der U-Jagd-Hubschrauberstaffel zum Marinehubschraubergeschwader.

1977, 1. September
Beginn der Ausbildung von Berufsunteroffizieren zu Fähnrichen an der Offiziershochschule der Volksmarine.

1981, 20. November
Das Marinemedizinische Zentrum und das Lazarett der Volksmarine werden zu den Zentralen Medizinischen Einrichtungen der Volksmarine zusammengefaßt.

1982, 18. Mai
Der Minister für Hoch- und Fachschulwesen der DDR erteilt der Offiziershochschule der Volksmarine das Recht zur Verleihung der akademischen Grade Diplomingenieur und Diplomgesellschaftswissenschaftler.

1984, 1. September
Beginn des Fachschulstudiums für Fähnrichschüler an der Offiziershochschule der Volksmarine. Bildung der Fachrichtung Fähnrichsausbildung.

1990, 26. April
Gesetz zur Änderung des Wehrdienstgesetzes, neuer Fahneneid der DDR.

1990, 21. Juni
Gesetz zum Vertrag über die Schaffung einer Währungs-, Wirtschafts- und Sozialunion zwischen der Deutschen Demokratischen Republik und der Bundesrepublik Deutschland vom 18. Mai 1990 (Verfassungsgesetz).

1990, 20. Juli
Die Angehörigen der Nationalen Volksarmee leisten den neuen Eid auf die Deutsche Demokratische Republik.

1990, 2. Oktober
In den Dienststellen der Volksmarine finden Appelle und Musterungen statt, auf denen der

Tagesbefehl des Ministers für Abrüstung und Verteidigung der DDR verlesen wird sowie die Truppenfahnen verabschiedet, die Flaggen und Wimpel niedergeholt und die Kasernenschilder abgenommen werden.

1990, 4. Oktober
Erlaß des Bundesministers der Verteidigung über die Bildung der Marineschule Stralsund aus den Lehreinrichtungen Offiziershochschule, Flottenschule und Schiffstammabteilung.

1990, 22. Oktober
Feierliches Gelöbnis der Rekruten der Marineschule Stralsund, des Marinehubschraubergeschwaders und des Ingenieurbaubataillons auf dem Stralsunder Dänholm.

1991, 1. April
Bildung der Marinefliegerhubschraubergruppe Parow.

1992, 24. Juli
Eröffnung des Marinemuseums Dänholm.

1992, 30. Oktober
Grundsteinlegung für den Neubau der Marinetechnikschule Parow.

1994, 29. September
Letzter offizieller Flugtag in Parow („Fly out").

1996, 28. März
Die Marinetechnikschule Parow nimmt den Ausbildungsbetrieb auf.

1998, 14. Juni
Der Festakt „150 Jahre Deutsche Marinen" findet in Stralsund statt.

Literatur- und Quellenverzeichnis

Amt für Kultur (Hrsg.): Ferdinand von Schill in Stralsund. Senat der Hansestadt Stralsund. In: Sundische Reihe, Heft 4

AUERBACH, HORST: Die Kriegsmarine und Stralsund. In: Schriftenreihe des Marinemuseums Dänholm. Stralsund 1996, Heft 5

Ders.: Das Marine-Depot zu Stralsund (Dänholm). In: Schriftenreihe des Marinemuseums Dänholm. Stralsund 1995, Heft 4

Ders.: Der Schoner STRALSUND und die Anfänge der preußischen Marine. In: Schriftenreihe des Marinemuseums Dänholm: Stralsund 1992, Heft 2

Ders.: Preußens Weg zur See. Pommern, die Wiege der Königlich Preußischen Marine. Berlin 1997

Ders.: Als Stralsund eine Festung war. Berlin 1997

BÖNISCH, OTTO: Die deutschen Schulschiffe 1818 bis heute. Hamburg 1998

DUPPLER, JÖRG: Germania auf dem Meere. Hamburg 1998

EICKHOFF: Geschichte des Infanterie-Regiments Prinz Moritz von Anhalt-Dessau (5. Pommersches) Nr. 42 vom Tage seiner Gründung bis zum Jahre 1900. Berlin 1900

EWE, HERBERT (Hrsg.) u.a.: Geschichte der Stadt Stralsund. Weimar 1984

EWE, HERBERT : Stralsund. Rostock 1987

FOCK, OTTO: Aus den letzten Zeiten Pommerscher Selbständigkeit. Wallenstein und der Große Kurfürst vor Stralsund. Leipzig 1872

FOTH, RUDOLF: Schwedisch-Deutsche Regimenter der Garnisonsstadt Stralsund ab der 2. Hälfte des 18. bis zum Anfang des 19. Jahrhunderts. In: Sundische Reihe, Heft 5

FRANCKE, O.: Die Belagerung und Beschießung Stralsunds durch den Großen Kurfürsten und die damit zusammenhängenden Ereignisse in und bei der Stadt. Stralsund 1878

FRIESE, MATTHIAS (Hrsg.) u.a.: Auf, unter und über Wasser. 150 Jahre Marine in Deutschland. Asendorf 1997

FRITZE, KONRAD u. GÜNTER KRAUSE: Seekriege der Hanse. Berlin 1998

GÜTH, ROLF: Erich Raeder und die Englische Frage. Privatdruck. Boppard 1995

Ders.: Die Marine des Deutschen Reiches 1919 - 1939. Frankfurt/M. 1972

HOFFMANN, THEODOR: Kommando Ostsee. Vom Matrosen zum Admiral. Hamburg 1995

JAHN, WOLFGANG, JÄNTSCH, ROLAND u. HEINZE, SIEGFRIED: Militärakademie „Friedrich Engels“. Berlin 1988

KOBSCH, ANDRE u. FELICITAS KNOPPKE: Stralsund. Erfurt 1998

LABJON, FRITZ U. AXEL DIETRICH: Holt nieder Flagge. Die Marine in Peenemünde von 1950 bis 1996. Peenemünde 1996

MAYER, HANNS: Geschichte des Infanterie-Regiments Prinz Moritz von Anhalt-Dessau (5. Pomm.) Nr. 42 während des Krieges 1914/18. Oldenburg i.O./Berlin 1927

MEHL, HANS u. KNUT SCHÄFER: Die andere deutsche Marine. Stuttgart 1995

MÜLLER, WOLFGANG: Schiffsschicksale Ostsee 1945. Bilder und Dokumente. Hamburg 1996
MÜLLER, WOLFGANG u. REINHARD KRAMER: Gesunken und verschollen. Menschen und Schiffsschicksale Ostsee 1945. 2. überarb. Auflage . Hamburg 1996
NAUMANN, KLAUS (Hrsg.): NVA – Anspruch und Wirklichkeit. Nach ausgewählten Dokumenten. Berlin/Bonn/Herford 1993
NEUMANN, HARTWIG: Festungsbaukunst und Festungsbautechnik. Bonn 1988
Ostsee-Akademie Lübeck-Travemünde u Instytut Historii Uniwersytetu Szczecinskiego: Stettin/Szczecin 1945-1946. Dokumente-Erinnerungen. Rostock 1994
PETERSOHN, JÜRGEN: Stralsund als schwedische Festung. In: Baltische Studien, Band 45 (1958), S. 95 - 124
PETERSEN, HOLGER: Am Anfang kam alles ganz anders. In: Geschichte und Geschichten der Fachhochschule Stralsund. Stralsund 1996
RÖHR, ALBERT: Handbuch der deutschen Marinegeschichte. Oldenburg (i.O.)/Hamburg 1963
Standort Stralsund. 3. Auflage, Mering 1997
STROBEL, DIETRICH u. WERNER ORTLIEB: Volkswerft Stralsund. 1948-1998. Hamburg 1998
TREPPING, KLAUS u. HORST STEIGLEDER: Die Reichsmarine und Stralsund. In: Schriftenreihe, Marinemuseum Dänholm. Stralsund 1993, Heft 3
VOGES, HERMANN: Die Belagerung von Stralsund im Jahre 1715. Stettin 1922
WÜNSCHE, WOLFGANG (Hrsg.): Rührt euch! Zur Geschichte der NVA. Beiträge über die Nationale Volksarmee der DDR. Berlin 1998
ZOBER, ERNST HEINRICH: Geschichte der Belagerung Stralsunds durch Wallenstein, im Jahre 1628. Stralsund 1828

Gesetzblatt der DDR. Jahrgänge 1950 bis 1990. Berlin. Bibliothek des Marinemuseums Dänholm. Stralsund
Bundesarchiv-Militärarchiv Freiburg i.Br. Aktenbestände RM 1, RM 104, DVM 1, DVM 2, DVH 1, Bau V
Landesarchiv Greifswald. Aktenbestände 65c, 80, 200/2.1, 202/1, 232, 236, IV/4/09
Stadtarchiv der Hansestadt Stralsund. Aktenbestände 5, 14, 15, 17, 21, 23, 24, 33, 50, 51, DSB